13歳、「私」をなくした私

性暴力と生きることのリアル

山本　潤

朝日文庫

本書は二〇一七年二月、小社より刊行されたものに
加筆・修正したものです。

文庫版まえがき

文庫版を手に取ってくださり、ありがとうございます。

この本が出版された2017年以降の3年間で、性暴力・性犯罪を取り巻く状況は大きく変わりました。

以前は、性暴力は口に出しにくかったり、被害を受けたことを伝えてもスルーされたりする現実がありました。性暴力の「せ」の字も言えない、そんな雰囲気だったと思います。

そんな中、2017年5月にはジャーナリトの伊藤詩織《いとうしおり》さんによる性暴力被害の告発があり、6月には明治以降110年ぶりの刑法の性犯罪規定の改正がありました。秋からはハリウッドの映画プロデューサーによる長年のセクシャルハラスメント疑惑に端を発した#MeToo（ミートゥー）運動が世界中に広がりました。

日本でも被害者の方が勇気を持ってセクシャルハラスメントや性暴力被害を告発し、政府高官が辞任に追い込まれたり、著名写真家が解任されたりするなどの動きもありました。

ですが、そのたびに被害者批難や矮小化も起こり、日本では#MeToo運動はこれ以上広がらないとも言われました。

しかし、2019年3月に相次いだ4件の性犯罪無罪判決への抗議をきっかけにフラワーデモが始まりました。無罪判決に抗議し、被害者への連帯を示すために花を持って集まろうと呼びかけられた場で、性暴力の被害者たちが、これまで語ったことがなかった性被害の経験を次々に人前で語り始めたのです。

「もう嫌だ」「我慢できない」

その思いは、野火のように広がり、フラワーデモは毎月1回各地域で開催され、1年後の2020年3月には47都道府県の全てでフラワーデモが開催され、延べ1万人が参加する大きな社会運動になりました。

フラワーデモで声を上げた被害者の方たちの多くは、自分の被害を恥と思わされ訴えられなかったこと、訴えても同意がなかったことの証明を求められ無視されてきたことを語り、社会の認識が変わり、罪が罪として認められることを願っていました。

被害者たちが声を上げ、性暴力の実態が知られるようになって、日本社会にも少しずつ変化が起こっています。性暴力が大きな人権侵害であること、その影響が長きにわたることも少しずつ知られ始めてきました。

それでもなお、性暴力被害者の内面、心の揺れ、人生に与える影響は理解されていないと感じます。

同じ人間から「性」を用いた「暴力」を受け、安全や自分自身の境界線（バウンダリー）が破壊されてしまうことは、人間にどういう影響を与えるのかを伝えるのは難しいと感じます。ですが、この本を読んでいただき、「性暴力についての理解が深まった」と言ってくれる方にも多く出会えました。

今後、日本社会が性暴力の問題を解決するためには、理解ある人たちが一人でも増えることが大切です。文庫本では現在の問題として、２０１７年以降の性暴力をめぐる状況の変化と、性暴力を規定する刑法の課題を追記しました。

お読みいただき、この本が日本の不処罰の文化を変え、性暴力のない日本社会をつくるための理解の一助となることを願っています。

まえがき

私は、父親からの性的虐待のサバイバーだ。

私が13歳のとき、父は私に性加害をするようになり、それは母と父が別れるまで7年間続いた。

はじめは自分に何が起こっているのか、わからなかった。13歳の私はそれまで誰とも付き合ったこともなく、父が始めたことが性的なことだということがわからなかった。また、父親という立場の人が性的行為を自分の子どもにするということも、私の頭には全くないことだった。日本社会に暮らす多くの人も、同じように考えているのではないだろうか。

父と離れて性的被害は終わった。しかし、その影響は長く続いた。回復に何十年もの時間がかかることを、その当時の私も母や友人などの身近な人たちも知らなかった。

私は、どうして父がしたことがこれほどまでに自分自身を決定的に変え、人生に大きな影響を与えてしまったのか、どうして私は普通の人のように生きられないのか、理解できず、悩み、苦しんだ。

性暴力はとても言いにくく、その影響を語ることも難しい。

思い出したくない出来事が不意によみがえってきて、それを避けようと感情や感覚を鈍らせた結果、自分が生きていると感じられなくなること。

自分には何の力もないという無力感に襲われ続け、他者と適切に交流する能力を失うこと。

人類の半分である男は獣で悪魔で、世界は敵意に満ちていると感じながら過ごすこと。

些細な出来事にも過敏に反応し、緊張状態になってしまう身体を抱えながら、いつ何が起こるかわからないという恐怖にさいなまれて生きること。

性的な被害を受けた自分は、傷ついて汚れていて恥ずかしくて、生きている価値がない人間だと思いながらも、命をつなぐこと。

このような思いを感じながら日々暮らすことは、生きることをとても難しくした。

今私は、看護師として働きながら、私自身の性暴力被害の経験やその影響について講演などでお話しし、性暴力が実際にどのようなものであるのかを伝える活動をしている。被害経験を持つ当事者として自助グループを運営したり、イベントを開催したりもしている。

しかしまだまだ、数多くの性暴力が起こっていることや、それが被害者に深いダメージをもたらし、人生に大きな打撃を与えてしまうことは、あまり知られていないと感じる。

性暴力は大きな衝撃を与えるので、被害を受けた当事者ですら、自分に起こったことについて理解し、自分がどのような状態にあるのか伝えていくことが難しい。当然、被害者の身近な人や関係者もその「傷つき」を理解できず、不適切な対応をしているということが起こっている。

私は講演を依頼されるとき、「性暴力被害を経験した心情を話してください」とよく言われる。

その瞬間の思考停止や恐怖、自分が自分でなくなるような感覚、絶望感やさまざまな混乱した感情……。あの体験が自分の内面にどのように食い込み、どのように自分自身を変えてしまったのか、それを思い起こし感じながら語るのは、とても難しいことだった。

それが、性暴力の事実は伝えられても、その影響が語られず、性暴力が実際にどのような被害であるのかを見えにくくしていることにもつながっていると思う。

私も長い時間の中で、支離滅裂な行動を繰り返し、たくさんのお金やエネルギーを使い、被害を受けたときには流せなかった涙を流しながら、自分が受けたダメージのケアに取り組んできた。

そして、自分以外の被害当事者たちや支援者、専門家からの学びを得て、性暴力の事実だけではなく、その影響について自分なりに理解できるようになった。被害を受け始めた13歳から、この本で書いたような内容を伝えられるようになるためには29年の歳月を必要とした。

この本では、父親からの性被害を経験した私自身の内面に焦点を当て、性暴力が一人の人間にどのような影響を与えるかを書いた。

第1章では性暴力の事実、第2章から第4章まではさまざまな症状として表れてきた性暴力の影響、第5章では性暴力が身近な人に及ぼす影響と被害者との関係、

第6章では性暴力加害に向き合うこと、第7章で回復の道を歩むことについて、そして最終章では、現在も取り組んでいる刑法（性犯罪規定）改正に向けての活動を紹介している。

私個人の経験だが、性暴力被害者に起こりやすいことを中心にまとめたつもりだ。また各章末のガイドでは、私が前に進むときに役に立った知識や情報について書いている。

痴漢やセクハラなどが日常的に起こっているように、性暴力被害は決して特殊なことではない。

最も深刻なレイプ被害についての2017年度内閣府の調査では、日本で約13人に1人の女性（7・8パーセント）、男性の約67人に1人（1・5％）が無理やりに性交された経験がある。そのうち、女性の24・1％、男性の43・4％が17歳までに被害を受けていた。

統計では拾いきれない被害者もいるし、男性や、セクシャルマイノリティの被害は全体的な統計も得られていない状況だ。

この数字を少ないと思うか多いと思うか、立場によって受け取り方は違うかもしれない。でも、私は「一人でもいればそれは多すぎる」と思っている。

このメッセージは、アメリカ政府が実施している女性への暴力防止啓発運動から学んだものだ。

2014年4月、ホワイトハウスは「1 is 2 Many」という動画を公開し、大きな話題を呼んだ。

60秒の映像の中で、スポーツの有名なスター選手などが次々と画面に現れ、こう語っていく。

「俺たちは止めるんだ、聞いてくれ」

「彼女が同意していない、もしくは同意の表明ができないなら、それはレイプだ。暴力なんだ」

「犯罪なんだ。間違っている」

そして、当時のバイデン副大統領やオバマ大統領からのメッセージが発せられる。

「私たちは、男性全員が『解決策』の一部となってくれることを望んでいる」

「性暴力に終止符を打つのは私たち全員の責任なのです。それはあなたからスタートします」

「1 is 2 MANY ──一人でもいれば（一度でもあれば）それは多すぎるのだから」

「一人でもいればそれは多すぎる」。この言葉は私の胸を深く打った。「性暴力が起こるのは仕方がないことだ」「別に減るものじゃない」「あれこれ言い立てる人のほうがおかしい」「我慢できない被害者のほうが悪い」。日本社会で暮らす私はそんな声をよく聞いてきた。

でも、決してそうではない。

性暴力は許されないことであり、終止符を打たなければいけないことであり、この現状は変えなければならない。私は、そう思っている。

それでも、ニュースや報道に接したり、それを受けての周囲の人の反応を見ても、性暴力の実態はまだまだ理解されていないと感じる。被害者やその家族や身近な人が回復するための適切なシステムが整えられていない状況には、絶望感や諦めの気持ちを持つこともある。

でも、性暴力が実際にどのような被害であるのか、適切な対応をするためにはどうすればいいのかを知ることができれば、人々の反応も変わると思っている。

本書を読んで、これが性暴力被害者が抱える現実なのかと驚かれるかもしれない。

けれど、毎日の性犯罪・性暴力のニュースの背景には、その数だけそれぞれの闘いを引き受けながら生きている人たちがいる。

そして、実際に被害を受けたことがある人へ。

時にはページをめくるのも苦しくなることがあるかもしれない。そのときはタイトルを見て読めそうな章やガイドを読んでいただくだけでもよいと思う。

この本を通して、日本社会に性暴力への理解が広がり、こんな苦しみがなくなる日が来ること、そしてあなたが回復への道のりを歩むときに、この本が少しでも役に立ってくれれば嬉しく思う。

13歳、「私」をなくした私 ● 目次

文庫版まえがき 3
まえがき 7

第1章 性暴力、が始まった
幸せだった子ども時代 26
記憶からぶっ飛んだ〝あの日〟 31
解離——スプリッティング 36
愛と侵略のあいだ 40
終わりはある日、突然に 43
性暴力被害者・サバイバーのためのガイド①
私は何をされたの？ 性暴力を理解する 46

第2章 刻印
地雷の上に家を建てる 54

母の驚愕 56
記憶を無意識に沈める 61
エラーサイン——退行と強迫症状 64
初めてのカウンセリング体験は大失敗 67
被害って認められない 70
なぜ逃げられなかった？ 71
「私」をなくした私 75
性暴力被害者・サバイバーのためのガイド②
私はどうなっちゃったの？ 性暴力の影響とそのケア 77

第3章
アルコールに溺れる
尿を飲みたい 82
麻痺させなければ生きられない 85
殺されたい衝動 87

死にたい人たちとの出会い 90
性暴力被害者・サバイバーのためのガイド③
どうしてハマる？　性暴力のトラウマと対処方法 97

第4章　セックスが怖い、けど止められない
私は老処女 104
心はいらない 106
恐怖を飛び越えたい 110
関係のない関係 115
崖から翔ぶ誘惑 121
父の影 125
自分のセクシャリティをつくる 129
夫が示してくれたこと 134
性暴力被害者・サバイバーのためのガイド④

性的トラウマって何？ 137

第5章 母と私の葛藤 144
なぜ助けてくれなかったの？ 148
殺しかねない怒り 153
身近な人も被害者 162
母の答え 167
傷つきの次元 168
心の再会 171
性暴力被害者・サバイバーのためのガイド⑤
なぜ理解されにくい？ 身近な人の苦しみと必要な支援 181

第6章 加害者の心
性的なモノとされた経験

父も被害者だった 187
性暴力は「関係性の病」 189
あなたは私に何をしたの？ 191
性暴力加害を理解する 196
出口の見えないトンネル 199
「あなた」はもういらない 203
性暴力被害者・サバイバーのためのガイド⑥
なぜあんなことをしたの？ 性暴力加害と向き合う 205

第7章 「私」を取り戻す

私を返せ 210
回復を選択する 215
転機 220
なぜ被害者が責められるのだろう 226

被害の跡を見抜く 233
サバイバーとの出会い 236
被害者中心主義という考え方 239
スピークアウト 244
それでも語る理由 248
投影 254
夫への告白 261
つなぎ合わされた心 265
性暴力被害者・サバイバーのためのガイド⑦
どうやったら回復できるの？　健全さは自分の中にある 268

最終章

あなたは、春を信じますか？
性暴力はどう裁かれる？ 272
誰も本当のところを知らない 275

願い　281
社会を変えるということ　286
「私たちは110年待った」　290
刑法改正　295
あなたは、春を信じますか？　299
不可解な無罪判決　303
広がっていくうねり　307
「13歳の私」に差し込んだ光　310
逆転判決　313
残された課題　316
岩壁をよじ登るように　319

あとがき　323
参考文献・団体の紹介　327
解説　伊藤詩織　331

13歳、「私」をなくした私

第1章

性暴力、が始まった

〝あの日〟を覚えていないということは、奇妙に受け取られるだろうか？

私の人生を決定的に変えてしまった日。

でも、その日は、私の記憶からすっぽりと抜け落ちてしまっている。

いつか、記憶はよみがえってくるのだろうか。

そのとき、〝あの日〟の記憶に耐えられる自分になっていることを私は祈る——。

幸せだった子ども時代

「ただいま」

ドアを開けて、誰もいない部屋に呼びかける。私は一人っ子のかぎっ子だった。

団地に引っ越したのは小学校2年生の秋。隣の市に移動しただけの引っ越しだったが、それまで住んでいた広い庭、金魚やウサギ、鶏がいた生活から、コンクリートの箱の中での生活に移ったことは、私をとまどわせた。

母はある設備会社の事務員をしていて、団地に引っ越すまでは事業所と宿舎が一体になった古い建物に住んでいた。建物は古かったが、庭は広かった。母は野菜を育て、私は動物たちに囲まれて暮らしていた。

母は転勤し、私が転校した小学校のすぐ裏手にある支社に勤めることになった。家に誰もいないのが寂しくて、学校の裏手にあるその会社に立ち寄っては母の顔を見て帰った。

「ここはお仕事の場だから来ちゃだめだよ」と母に言われて徐々に行かなくなったが、そのころには進級し、私の帰りも遅くなっていた。

母は6時ごろには帰ってきて夕食を作り、親子でテレビを見たりあれこれ話をして過ごす。母の作る料理は美味《おい》しく、それが当たり前のことだった幸せな子ども時代だった。

父は1週間に1、2回程度しか顔を合わせない人で、あまり父とのエピソードはない。

私が生まれる前、父は教師をしていた。

私が小学校1年生のとき、教科書の答えが隠れるように本文だけが読める穴があいたシートを紙で作ってくれたのを覚えている。

でも、子どもの私は力加減がわからず、使う前にそのシートを破ってしまった。

父は無言だった。

（せっかく作ってくれたのに、壊してしまった）

という罪悪感を今でも覚えている。

父はなんとなく私に罪悪感を抱かせる人だった。

しばしば得意そうな顔をしながら、

「お前がもっと大きくなったら、俺の言いたいことがわかる」

と言い、私は父を理解してあげられない自分を申し訳なく思った。


謎の多い人でもあった。

母と父は時々派手な喧嘩《けんか》をしていた。子どもにとって両親の喧嘩は苦しい。「もうやめて」と泣きながら飛び出した小学生の私を、「大丈夫だから」と慰めてくれたのは父だった。

後年そのエピソードは家族の話題にのぼり、

「俺があのとき、潤を慰めたから」

という父の成果に変わっていった。

激しい喧嘩の理由が語られることはなく、私は語られないことに慣れていった。

そのころの家での実力者は母だったので、喧嘩は母が父を追い出すことで終了になった。

父は、3、4日してほとぼりが冷めたころに帰ってくる。

そんなことの繰り返しだった。

「どこで寝てたの？」

と聞くと、

「公園のベンチで寝ていたんだよ」

と答えられて、全く疑うことなく受け入れていた。

父が山小屋で生活していた写真もあったので、旅をしたり、どこか別の場所で暮らしている人という理解をしていた。それを不思議に思うことは全くなかった。

父は近所の人と関わるのを嫌っていたため、私は母から「家のことは話さないように」と言われていた。

私は団地の聞きたがりのおばさんたちの間では、「無口な潤ちゃん」で通っていた。

団地の子どもたちとも遊んでいたが、どちらかというと本が好きで、図書室に入りびたり、怪盗紳士ルパンのシリーズ本を読破するような小学生だった。

私が小学校5年生のとき、母の勤めていた会社が倒産した。母はその後、仕事のことでは大変苦労をした。母は看護助手として老人病院に勤めるようになったが、そのころは介護士制度もなく、知識も技術もないまま高齢者や重度障碍者《しょうがいしゃ》の介護をしていて、びっくりするような体験の連続だったと語っていた。また、看護助手の仕事には夜勤もあった。

母が夜勤の夜、家には父が来ていた。

私が父と話すことはあまりなかった。

私はふすまで隔てられただけの四畳半の自分の部屋で過ごし、父は台所でテレビを見たり本を読んだりして過ごしていたように思う。

父の私への関心は少なかった。

私が何に興味を持っているのか、離れている間どういう体験をしているのか、尋ねられた記憶もない。

同じ家にいながら、静かに別々の時間を過ごす。でも、私は影のような父の動向をずっと窺《うかが》っていた。そんな時間だった。

母のようには父を信頼できなかったのは、こんな記憶があるからかもしれない。

私は紙に自分の気持ちを書き散らすことが好きで、紙に書いては捨てたりしていた。

あるとき、ほかの言葉と一緒に、

「私は、お父さんを好きになれない」

という一文を書き、捨てた。

そして、父はゴミ箱からそれを拾い上げて読んでいた。

父は何も言わなかったけれど、そのとき感じた罪悪感と、盗み見られることへの怒りは今も私の中に残っている。

私にとって父は、静かでコソコソとした人。影のような人だった。

3年後、影は私に侵食してきた。

記憶からぶっ飛んだ〝あの日〟

私が中学生のとき、父と母は居酒屋を始めた。そのころから、正規の職員として働いていた母と、仕事を転々としていた父の力関係は逆転していった。

生活する能力の高いのは母だったが、「お母さんは何も知らないんだから」「だからダメなんだよ」と口癖のように父は母に言っていた。はじめは母も反論していたが、父は全く聞きいれなかったので、次第に父に合わせるようになっていった。

「父が正しい、父が一番」というのが、私の家庭で蔓延《まんえん》していた価値観だった。

転職を繰り返し、何かあったらすぐに逃げてしまう問題対応能力のない父が、なぜ一番なのか、今だったら首をかしげる。

でも、父はよく「世の中の人間は、人の顔色を窺うばかりで何が本当の生き方かわかっていない。俺は何もなくても本当の生き方をしている」と、自分を誇っていた。そして自分は、人からは理解されない不遇な人間だというふうに振る舞っていた。

私は心の中では、父のことをそんな人間だとは思ってはいなかったが、彼の側につくことにしていた。父は人に順位付けする人で、家族の中のヒエラルキーでは私は最下位だったからだ。だから父につき母を馬鹿にすることで、私は家庭の中での自分の立ち位置を守っていた。

母は健全で素直な性格だったので、人を蔑《さげす》むような父の言動のダメージを受けなかった。

一方、人格形成途上の私は、すぐに揺るがされたし傷つけられた。

ある日、何気なく小説で読んだ自転車乗りの話を父にしたときのことだった。その小説には、自転車に刃物を仕込んで、通りすがりの人に突き刺す通り魔のことが書かれていた。

子どもの私は、感心させようとして「自転車でそんなことをする人がいる」と父に話した。

けれども父は、「自転車乗りはそんなことはしない」「お前は馬鹿だ。何もわかっていない」と言い、私を徹底的にやっつけた。

私が泣いても許さなかった。私は悔しくてさらに泣いた。なんで、ここまで言われるのか理解できなかった。また、父がそのことを愉《たの》しんでいることも伝わってきた。

子どもながらも怒りに震え、でもどうすることもできなかった。

子どもであるということは、家庭の中で下位に位置するということだ。

少なくとも私の生まれ育った家ではそうだった。

それは、多少なりとも私に起こった出来事に影響していたことだと思う。大人という権力者に逆らえない。それが、私が植え付けられた価値観だった。

私が13歳のとき、父は寝ている私の布団に入ってきて、私の体を触るようになった。

冒頭で書いた通り、私はその記憶を正確には思い出せない。

何月何日と特定することもできない。

それは、無言で始まり、ずっと続いた。

私は自分が何をされているのか、全く理解できなかった。

記憶がおぼつかないながらも、母の記憶と照らし合わせると13歳の春ごろに始まったとは言える。

なぜならばそれが始まってから、しばらく経って私は、

「お父さんが布団に入ってくるから寝られない」

と母に言ったからだ。

直接的に体を触られているとは言えなかった。

どうして言えなかったのだろうと、今も考える。

13歳の私にとって〝それ〟は、自分の意識を超えた出来事だった。だってその人は一緒に生活してきた人なのだ。笑い合ったりふざけ合ったり、プロレスごっこをしたり、それまでも一緒に寝てきたこともある人なのだ。

だけど、その人に胸やお尻を触られていることはすごく変な感じ、嫌な感じがする。

でも〝それ〟の何がおかしくてどう変なのか、言っていいことなのかどうかも、わからなかった。

子どもながらに、言わないほうがいいと感じていたのかもしれない。言うと何かが大きく変化することや、もしくは自分を取り巻く世界が大きく崩れてしまうことを感じていたのかもしれない。だから、お父さんが布団に入ってくるから寝られないという表現を選んだのかもしれない。

それでも、もし母に「何か嫌なことがあるのか？　どこかを触られてるのか？」と聞かれたら、「そうだ」と答えられたかもしれない。

だが、13歳の私にとって「寝られない」と言うことが精いっぱいのNOという表現だった。

母は、私が「寝られない」と言っているのを額面通りに受け取って、
「潤が、眠れないと言っているでしょう。やめなさいよ」
と父に強く言った。
だからしばらくは布団には来なかった。
しかし、ほとぼりが冷めてからまた父は布団に入ってくるようになった。
父の行動は、ずっとほとぼりが冷めてからの行動だ。
何かまずいことが起こる。
しばらく姿を消す。
そして、現れる。
そんなことの繰り返しが彼の人生のパターンだった。

解離──スプリッティング

再開したとき、私はもう耐えられなかった。
心が耐えられないとき、人は感覚や感情を遮断する。それは、無意識に行われる

ものだ。負荷がかかりすぎてブレーカーが落ちた状態である。

私は、何も考えず、何も感じないように時を過ごした。その間に父の行為は少しずつエスカレートしていった。私はこのときから「解離」といわれる状態にあったように思う。

解離とは「通常は統合されている意識、記憶、同一性、周囲の知覚などの機能」が失われる状態である。私が私でないような、ここにいるのに周囲と切り離されているような感覚だ。それは特に虐待などの「トラウマ的な出来事、解決しがたい人間関係の問題などの心因性の要因」から生まれるという（落合慈之監修『精神神経疾患ビジュアルブック』）。

傍《はた》から見たら、なぜこのことがそこまでストレスになるのかと思われるかもしれない。

確かに、命の危機を感じるような激しい暴力があったわけではない。

でも、私は怖かった。あの経験は怖い以外の何物でもなかった。

しかし、そういう経験だとすぐに認識できる人は少ない。そもそも私も長い間、自分が怖かったのだということさえ理解できなかった。

私は父が何をしているのかわからなかった。

次に何をしてくるのかもわからなかった。

私の意思などないかのように、私自身を無視してお構いなく続いていく行為。

私の身体は引きちぎられ、ばらばらになっていく。

（私は嫌だと言っている、嫌だと示しているのになぜ？）

答えのない迷路に入り込み、暗い穴に落ち込んでいく感覚を今でも覚えている。

それは逃げ場のない恐怖だった。

今でも、起こった被害について思い起こして伝えようとすると、エネルギーが落ちてシャットダウンしてしまう。そのときの感覚を感じないようにすることで自分を守っているのだ。

だから、曖昧《あいまい》にしか伝えられないし、そのようにしか伝えたくない。でも、それでは高い共感力と察する力のある人にしか伝わらないし、多くの人にはわかってもらえないと感じる。

後年、これほどまでの苦痛を感じ、なおかつそれをわかってもらえないということも私を苦しめた。

また、ダメージを受けたことはわかっていたが、それがなぜダメージになるのか、どのようなダメージであるのか、自分の身に起こっていることなのに自分でも理解できないという理不尽さにも苦しめられた。

自分でも訳がわからず人にも説明できない状態は、私がその出来事によっておかしくなっているのではなく、私自身が元からおかしい人なのではないかと感じさせられたからだ。周りの人から変な人として見られてしまうことを私は恐れた。

再開したときは、思考がシャットダウンしたと同時になぜか、

（これはどこの家庭でも起こっている当たり前のこと。でも、誰も言わないようにしているだけなのだ）

と強く思い込んだ。

思考の飛躍。

人間は動物と異なり、外界を認識し意志によって調整するという能力を持っている。私は変えられない現実と折り合いをつけるために自分の認知（世界のとらえ方）を変えた。

（どこの家庭でも起こっている当たり前のこと）

そう認識せざるを得なかった理由の一つとして、私には性暴力の知識や情報が全くなかったことがある。

学校では性教育はあったが、性暴力について教えられたことはなかった。母からは、「見知らぬ人には注意して、何かされたらお母さんに言うのよ」と言われていた。でも、母の頭の中にも、まさか実の父親が娘に性的接触をするということは全く入っていなかった。

私は、性的なことをされているということもわからず、気がついたら7年という時間が経っていた。

愛と侵略のあいだ

7年は長い。中学を卒業し高校に進学しても、夜には父が来る日々だった。仕事を終えた父が来るのは夜も遅く、母はすでに眠っていた。そして母が起きる前に、父は店に行くのだった。

思春期も後半に入った娘と同衾《どうきん》しているということはかなり奇妙なことだが、すでに日常生活になっていることをおかしいと気づくことはできなかった。

私はいつも、性暴力被害支援機関のパンフレットの中によくある「助けてと伝えてください」という言葉を読むと、複雑な気持ちになる。

リアルタイムでは自分に起こっていることが異常かどうかなんて気づけない。

身体は恐怖を感じ震えているけれど、それを意識にあげていくことができない。

言葉にならないほど怖いというのはそういうことだ。

「助けて」と言えるのなら、状況を認識した上で、助けを求めていいと判断し、事実を伝えられる力を持っているということになる。

そんな力は、あのときの私からはもう失われていた。

昼間は学校に行き友達と話していても心は夜への恐怖でいっぱいで、夜になれば覚えてもいられないような出来事を日常的に体験する。

家庭という閉ざされた世界で繰り返される性暴力は、私の認知をとても歪《ゆが》ませてしまったと思う。

「世界は危険で、人間の半分は敵で、誰も助けてくれない」

性被害を受けていた思春期の私にとって、世界はそういうものだったのだ。

私の心には、ほかにもいろいろな変化が起きた。

例えば、被害を受けることで自分は価値がない人間だとも思った。守られる必要のある大切な存在なら、こんなことが起こるはずはないからだ。

自分が大切で、大事にしてもらえる人間だと思えなくなる。

思春期は大人になる準備をする期間だが、私の時計は13歳で止まってしまった。

私の性被害に関する記憶はほとんど欠落しているけれども、17歳くらいのある場面を覚えている。

眠っていた私は、父がのしかかってくる気配で目が覚め、びっくりして泣いてしまった。そうしたら彼はやめてくれて、そして二人で抱き合って寝たのだ。こういう場面を振り返ると、今でも胃がよじれて頭が締め付けられるような感じがする。

このような経験をすると、安全と危険、愛と侵略の区別がつかなくなってしまう。

それは、人間と関わり合いながら生きていくための感覚が壊されるということだ。

そのため、私はそのあとも父がしたことが性暴力・性的虐待だったことを認識することがなかなかできなかったし、危険で私を大切に思っていない男性のほうに惹《ひ》きつけられることがよくあった。

7年は長い時間だったが、私は性器を挿入されたことはなかった。

勃起した父の男根を押し付けられていたことは覚えている。願わくば、そんな状態のものは愛した人のものを知りたかった。

私にとっての性は、対等な関係で行われる探検でもなく、相手への信頼でもなく、一方的で、侵入的なものだった。

終わりはある日、突然に

大学受験に失敗した私は、高校を卒業してから、母と父が経営する居酒屋で働くようになった。シャットダウンして麻痺《まひ》した心では、「逃げる」という行動を起こすこともできなかった。

お店で働き始めて3年が過ぎようとするころ、準備のためにそろそろ店に出ようかというときだった。母から電話がかかってきて、私は最寄り駅から一つ離れた駅の蕎麦屋に呼び出された。

母は言った。

「もうお父さんとは別れてお店も閉めようと思う」

母と父はずっといさかいをしていて、母の心でその決着がついたようだった。

それでもスムーズに事が運ぶはずもなく、閉店のことでは大いに揉《も》め、その間父は家には寄りつかなかった。

父は「自分が始めると言ったから店を始められたんだ」。母は「私が支度金を出さなきゃ店はできていないでしょう」。父はそれに「やるという気持ちが大事なんだ」。

わけのわからない不毛な言い合いが何カ月か続いた揚げ句、父は鍵だけを置き、店をほうって行方をくらませてしまった。

「もし、お父さんが最悪なことになっていたら……」

と自殺の心配をする母に、パフォーマンスだと見切っていた私と、そのとき関西から手伝いに来ていた母の妹で、口をそろえて、

「絶対そんなことはないから、このチャンスに整理をして店を閉めよう」

と言い続け、店を片づけることができた。

もう母が父に引き戻されることがないように、私と母はそれまで住んでいた関東から関西に引っ越すことになった。

私はやっと解放される思いだった。

父からは「北から南に旅をしています」という手紙が転送先の知人宅に届き、常のようにほとぼりが冷めてから私たちが住んでいた地域に戻ってきた。店を再開したらしかったが、そのあとのことは私はもう知らない。

性暴力被害者・サバイバーのためのガイド①

私は何をされたの？ 性暴力を理解する

性暴力を受けるといろいろな感情や混乱が生まれます。
私が感じた一番大きな混乱は、自分に何が起こったのかわからないというものでした。
今なら、あれは性暴力だったということがわかります。
でも、そう認識するためには
「性暴力とは何か」ということを知らなければなりませんでした。
ここではまず性暴力について一緒に学んでいきましょう。

同意のない性的言動は性暴力

「同意のない性的言動は性暴力」だというのが基本となる大事な定義です。

WHO（世界保健機関）は、性暴力とは、強制や脅し、身体的暴力による性的な行為およびそれを得ようとする行為の全て（強姦《ごうかん》、強姦未遂、強制わいせつ、痴漢、人身売買、性的発言など）であり、加害者にはいかなる人（夫や恋人）も含まれ、どのような環境（家庭や職場など）における被害も性暴力に含まれるとしています。このように被害者との関係や状況を問わない、というのがその定義です。

被害者との関係や状況を問わないという認識は大切です。性被害を受けた人は、周りの人から、「考えすぎなんじゃないの？」「はっきり嫌だと言えばよかったのに」「あなたがそんなことをするから……」とまるで被害を受けた人の言動に責任があるかのように言われることがあります。

それは、違います！

あなたはその行為に何の責任もありません。

性暴力が起こったのはあなたのせいではありません。

責任はそのとき、その場で、性暴力を選んだ加害者にあります。あなたに責任はないことを、しっかりと認識し続けましょう。

真の同意って？

同意がなく、対等性がなく、強制性がある性行為は性暴力です。

□同意……「同意は、単に『はい』と言ったということではなく、年齢、成熟、発達レベル、経験に基づいて、提示されたこと（何らかの性行為）が何であるかを理解していること」。

□対等性……「身体的・知的・感情的発達の差や、受動性と積極性、パワーと支配、権威といったものによって評価される」。相手が優位な立場にあるときは対等ではない。

□強制性……「優位に立つ者がその立場を利用して、被害者の選択の自由を否定すること」。望まないことを、暴力、脅しや甘い言葉を用いてさせること。取引に見える強要もある。「セックスすれば殴られない」など。

（藤岡淳子『性暴力の理解と治療教育』）

このように性行為の同意には、本当にそれが「真の同意」なのかに注目する必要があります。

性暴力は、どこでも誰にでも起こる

夜道で見知らぬ男に襲われるケースだけが性暴力と思われがちです。

しかし、加害者たちは優位な立場や、甘い言葉、脅しなどのさまざまな手段を用いて、自分が最も目的を達することができそうな時と場所を選んで性暴力をしています。

性暴力はどこでも起こっていて、そしてどんな意外な人物でも加害者になることがあります。

家の中

知り合いや家族、恋人やパートナーによる性暴力です。

・お世話になっている人（指導者・治療者、近隣の人）

・身近な人（遊び仲間、家族の知り合い、親戚・家族）

年長・権力・信頼・魅力など、「パワー」を有する相手だと逃げようがありません。

家の外

見知らぬ人からの性暴力です。通学路や遊び場、商業地域内、建物の中など、本来「安全な場所」でも起こります。

子どもの性行動のルール

基本的な性への認識を子どもの性行動のルールからおさらいしましょう。

同意のない性的言動は性暴力です。そして、子どもの場合は同意できるほどの知識や経験がないので、子どもへの性行為は性暴力です。

直接身体に触る

・膣、肛門、口腔への性器やモノの挿入行為

・プライベートパーツ（水着で隠れる部分）への接触
・加害者への挿入や接触を強要される

身体には触らないけど

・プライベートパーツを覗《のぞ》く、撮影する、見せる
・児童ポルノの被写体にする、ポルノを見せる
・プライベートパーツや性行為の写真の流出
・下着や水着などを盗む
・性的な書きこみ、流言、声かけ

（もふもふネット専門研修資料）

こんな体験をしたときは、あなたの話を聴き、頭ごなしに決めつけることのない信頼できる人を探しましょう。解決策を一緒に探してくれる人と出会えることは、あなた自身の支えになります。

性暴力被害後にできること

警察に通報する

警察に通報するときは、性犯罪専用の電話回線に電話するとよいでしょう。全国共通の「#8103（ハートさん）」という短縮番号にかけると、発信された地域を管轄する各都道府県警察の性犯罪被害相談電話窓口につながります。通報したからといってすぐに捜査が始まるわけではありません。まず、相談してみることから始めることができます。

児童相談所に通告する

18歳未満の子どもへの性暴力・性的虐待については児童相談所にも伝えましょう。専門的な相談や支援につなげることができます。

法律の専門家に相談する

裁判の手続きや法律上の相談を弁護士にすることもできます。「日本司法支援センター」（法テラス）では無料の法律相談や弁護士の紹介を行っています。

行政に相談する

学校に行けなくなる、仕事に行けなくなる、住む場所やお金がないなど、さまざまな問題が生じる可能性があります。

行政の被害者支援は地域によって異なりますが、そんなときに犯罪被害者支援室や福祉事務所などから支援を受けられる場合があります。18歳未満の子どもの場合は児童相談所に相談するとよいでしょう。

民間支援団体に相談する

性犯罪・性暴力被害者のためのワンストップ支援センターは必要な支援につなげてくれたり、対応する機関を紹介してくれます。民間の援助団体に相談してみることもできます。

短縮電話番号「#8891(はやくワンストップ)」に連絡すると、最寄りのワンストップ支援センターにつないでくれます。

第2章　刻印

「私、お父さんに体を触られていたの」

それは唐突な告白だった。

母が父と別れ、関西に引っ越すことになった私たちは、引っ越しの手配も全て終わり、母の友人宅で、お別れパーティのために集まっていた。

母と作ったパーティのごちそうが並ぶテーブルで、今しも乾杯が行われようとしていたとき、私はとても嬉しそうに冒頭の告白をしたらしい。

したらしいというのは、常のように私の意識にはよみがえってこないからだ。言ったことは覚えていたが、なぜ突然言ったのか、パーティのあとだったのか、前だったのか全く思い出せない。

その前後の引っ越しの場面は鮮明に覚えているのに、不思議なことだと自分でも思う。

梱包《こんぼう》が間に合わなくて引っ越し会社のお姉さんが一緒に段ボールに荷物を詰めて

くれたこと、引っ越し先のアパートの階段の踊り場からアパート前の道路に大型トラックが次々とつけられる様子を見ていたこと。そういった場面は映像として思い出せる。でも肝心な記憶がつながりを持って思い出せない。

記憶の喪失は、自分が欠落した人間だとも感じさせる。それでも覚えていないのは仕方がないので、記憶のある母に確認することにしている。聞くと、そのときの気持ちもなんとなく、思い出す。

「もうあの夜が来ない」「もう終わったんだ」「私は解放されたのだ」という喜び。私は嬉しかったのだ。

その一方で、告白によって母が驚愕《きょうがく》した様子が伝わってきて、「ああ、起きてはいけないことが起こってしまったんだな」ということも感じた。

父は、してはいけないことをした。では、されてしまった私はどうなのか。

父を止めることも、誰かに言うこともできなかった。起きてはいけない出来事を体現している私は、その証拠のような共犯者のような、そんな気持ちだった。

それでも、私はそれらの感情に全速力でふたをし、新しい人生に向けて歩いていこうとした。

それは、地雷の上に家を建てるようなものだとも知らずに。

母の驚愕

1995年12月から関西の狭いアパートで私と母は二人暮らしを始めた。母も関西の出身で、よく手伝ってくれた母の妹が来やすいからと選んだ土地だった。

私は、以前から興味があった福祉系の通信制大学に入学を申し込んだ。入学許可の通知が来たとき、母は顔をおおってベランダに出て泣いた。

「いや、申し込めば誰でも受かるよ」

と声をかけたけれど、母もいろいろな思いがあったのだと思う。

見知らぬ土地、これまで築いてきた全てを捨てて出てきてしまったこと。私の将来のこと。

私の告白は、母には天と地がひっくり返ったかのような青天の霹靂《へきれき》だったに違いない。

母は後年、次のように語っていた。

いろんなことがあり娘の父親とは完全に別れ、一緒にやっていた居酒屋も閉店し、住まいも関東から関西へ引っ越すことになりました。引っ越しの準備も終わり、私の友人がお別れ会をしてくれるという、その日でした。私の友人、手伝いに来てくれていた私の妹、私、娘と4人でパーティが始まる直前でした。

父親に体を触られていた――と。

そして娘の「お母さんに言ったのに!!」――私はその言葉に打ちのめされました。

そうか、そういうことだったかと。

娘が中2のときに、私は娘から訴えられていたのです。

自分の布団に父親が入ってくるのは嫌だと。

私は当時、自分が不眠症だったので、眠れなくて嫌だと言っていると思い込んでいました。

娘の父親に、潤が眠れなくて嫌だと言っている。自分の布団で寝るようにと強く言いました。睡眠を妨げるなんてとんでもない。そんなことはNOでしょう、と。

そうしたら父親は、可愛いから添い寝しているだけだと。

それを潤が嫌だと言っているんでしょう、と再度強く言いました。私はあれだけ強く言ったから嫌がることはもうしないと思っていました。

私の頭の中には、父親が娘の体を触るというようなことは全く入っていなかったのです。

そのとき、私は居酒屋をやっていて、時間がとっても不規則な生活でした。勤めていた設備会社が40歳のときに倒産して、その後の仕事には苦労していました。父親のほうは、30歳くらいからいろんな仕事を転々とし、一番長く続いたのが居酒屋でした。そんなこんなで店を一緒にやるということになりました。

お店をやるというのはなかなか大変なことで、売り上げを出さなくてはいけない。当時の私は、店の経営のことで頭がいっぱいいっぱいでした。

お店と自宅は自転車で10分くらい離れていました。私はお店が終わって片づけなどをして夜中の0時～1時ごろに帰ります。家に帰ると売り上げ計算・伝票整理などをして、寝るのは2時～3時くらいでした。

父親のほうは「店に泊まり込んでいるほうが自分の時間がつくれる」と言って、毎日家に帰るという生活ではありませんでした。

私の注意後は「フロに入りたいから沸かしておいてくれ」「今日は家で寝るから布団を敷いておいてくれ」と言ってきていました。

父親は寝るのも私より遅く、起きるのも私より早く、私が起きるともう店のほうに行っていました。

今だからわかることですが、自分の行動がバレても言い逃れができるように、いろんな言い方で家に帰るための理由をつくってカムフラージュをしていたんだなと思います。

娘の「お母さんに言ったのに!!」という言葉を聞いたあと、その声がこだましていました。

衝撃と驚愕で、私の中で大混乱が起こりました。

いったい何が起きていたのか、現実味をもって感じられるまでに数時間かかったと思います。

その後は自責の念と罪悪感に打ちのめされました。

娘が「自分の布団に父親が入ってくるのは嫌だ」と言ったときに、それが何を意味するのかわかっていなかった愚かな自分を呪いました。

悔やんでも悔やんでも悔やみきれない思いでいっぱいでした。

私が気がつかなかったばかりに、なんてことが……と、娘を守ってやれなかった自分を責め続けました。

自分の人生がひっくり返ってしまった。天が地になり、地が天になり……。

しばらくしてそれは私の人生ではなく、娘の人生だと……。

その次に襲ってきたのは、恥の感情でした。これが大変でした。

我が子を性的な対象とする男を愛し、その男と親密な関係を築いていた自分！

自分を恥じる。今思うのは、恥はとても強いネガティブな感情なので、専門的な支援を受けられればよかったと思います。そうすれば、この不毛な恥の感情からもっと早く脱することができていたと思います。

そんな支援もなくこのときは、その気持ちのおさめようがありませんでした。

別れたとはいえ、最初の出会いは私が愛したからだと、頭の中ではいろんな感情がぐるぐると回っていました。

記憶を無意識に沈める

一方、私自身は自分の生活を全力で築こうとしていた。居酒屋でバイトをし、通信制大学のスクーリングに通い、レポートを書くなどして過ごしていた。その時期は母の貯金を切り崩す生活だった。

大学の通信教育課程から通学の学部に行くことも考えたけれど、そんなお金の余裕はなかった。また大学の紹介で福祉の就職説明会に行ったが、福祉系の給料ではとても自立して暮らせないと思った。

私は福祉系で仕事をすることを諦め、看護師になろうと決意した。看護師を選んだのは、どこでも働けるということがあったからだ。

追われるようにそれまで住んでいた土地を離れたため、普通の会社勤めをするということはリスクが高いことだと感じた。何かがあったら、全てを捨てて逃げなければならない。

また、母が口のうまい父に惑わされて、引き戻されてしまうのではないかという恐れもあった。

いつまた、知らない土地に逃げなくてはいけないかもしれないのだ。どこに行っても働ける看護師の資格は魅力的だった。

漠然とだが、将来は児童虐待に関わる仕事に就きたいとも考えていた。保健師になるには看護師資格を持っている必要がある。看護師になって保健師になれば、保健所や児童相談所で児童虐待に関わることができるかもしれない。

関西に引っ越して2年後、私は看護学校に受かり、看護師になるための勉強を始めた。

母は関西に来てからずっと鬱《うつ》状態だった。

いつも元気で明るかった母が、エネルギーもなくなって涙ばかり流しているので、私はとても心配だった。そして、母の心配をしている間は、私は自分の問題どころではなかった。

母はこのころ、私に何があったのかを何度か聞こうとしたが、とても触れることができなかったと言っていた。

経験そのものを激しく拒絶し、関連する話題の欠片《かけら》でも出てこようものなら、スッと立ち去ってしまうという状態だったと思う。

耳をふさぎ、目を閉じ、全身を硬直させて、もうそのことは終わったことだからと払いのける。そういう状態だった。

このころの私は、被害に関することとはスッパリ解離した状態で生きていた。被害のことなど「知らな〜い」「サヨナラ〜」「関係な〜い」という状態だ。トラウマの苦痛が大きすぎるので、そうしないと生きられなかったからだと思う。本来ならばケアが必要だったのだが、そんな認識もなかった。

母はこのころのことを、潤にしては珍しく地に足がついていない、浮いている感じだったと言っている。

何か被害に関連することが意識に浮かべば、すぐに意識から払いのける。被害に関連するものは、よけてよけて暮らしていた。

しかし、よけたものは散り積もっていく。

無意識に沈めたものは、症状として浮かび上がってくる。

それが人間のメカニズムだとあとで知ったけれど、そんなことはわからなかった。

自分が知らないことが、自分の身に起こってくる。

〝症状〟が出始めたとき、自分がおかしくなったと思った。

エラーサイン――退行と強迫症状

関西に引っ越した最初のころの私は、母にべたべた引っ付いていた。母から離れられず、買い物や散歩に行くのにも一緒についていった。寝るときも抱き付いて寝たり、母が料理や洗濯をしているときに、後ろから抱き付いたりしていた。ちょうど幼い子どもが母親にまとわりつくように。

もう20代前半の娘が幼い子どものように引っ付いてくるのだから、母にはとまどいもあっただろうけれど、我慢していたと思う。

私は完全に赤ちゃん返りをしていた。赤ちゃん返りは退行現象で、「防衛機制」と呼ばれる心のメカニズムの一つだ。弟や妹が生まれたとき、上の子が大なり小なり赤ちゃん返りをするのは有名だが、虐待を受けたりDV（ドメスティック・バイオレンス）を目撃した子どもや、大人でもストレスで苦しいときに起こることがある。

ある夏の暑い日、母は畳の上で昼寝をしていた。横たわった母の身体に扇風機の風が当たっていた。

私は母のTシャツをまくり上げ、乳首を口に含んだ。
赤ん坊のように甘えたい、そんな気持ちだった。
母は血相を変えて飛び起き、
「こんなことは二度としないで！」
と言った。
私はどんな顔をしていたのだろう。
でも、すぐに座禅の棒で打たれたかのようにハッと目が覚めた気がした。
そして頭の隅で、
（あぁ、もうお腹《なか》には戻れないんだな）
と感じた。そして、
（仕方がない。生まれてしまったからには生きるしかない）
と思えたのだ。
この世界で、自分の力で。
それで、私の退行現象は終わった。
一方で、無意味な行為の反復がとめられない強迫症状も同時に起こっていた。

同じ行動に没頭している間は、何も考えずに済んだ。

私の強迫症状の一つは、台所でコップを置き直し続けるというものだった。コップに水を入れ飲み干す。それをシンクに置く。その位置が気になる。決まった場所があるわけではなかったけれど、何か置いている位置が違うような気がした。コップを少し持ち上げて宙に浮かし、シンクに置く。でも、正しく置いたと思っても不安になり、また持ち上げてしまう。

幼い子どもが際限なく同じ行動を繰り返すように、私も飽きることなくコップを置き続けていた。その行為に集中することで、時間は過ぎていった。

困ったのは出かけられないことだった。

ドアを閉めて、鍵をかける。でも、ドアノブから手を離すと、鍵がかかっていると確信できなくなる。またドアノブに手をのばす。ガチャリとドアノブが回るだけでドアは開かない。ドアから離れようとする。それでも、ドアに鍵がかかっていないのではないかと思い、またドアノブに手をのばす。

今から思えば、それは父の侵入と関係があったと思う。父は家族なので当然鍵を持っていて家に入ってくる存在だ。今は被害を受けた団地からは引っ越したのだから、父が鍵を持っているはずはない。しかし、家から離れたら父が入り込んでいるのではないかという思いがどうしてもぬぐい去れなかった。

1時間以上もドアの前から離れられず、出かけられない。

私は自分が信用できなくなっていた。

これでは日常生活を送れないと思った私は、カウンセリングを受けることにした。

初めてのカウンセリング体験は大失敗

カウンセリングは本で学んで知っていたが、どこに行けばいいかわからなかった。また高いお金も出せないと思い、市の無料カウンセリングに行くことにした。

公共施設にあるカウンセリングルームは、普段は応接室に使っているのかと思うような、渋い焦げ茶のインテリアの部屋だった。

窓のない部屋で、40代くらいのすらっとした女性のカウンセラーが私を出迎えてくれる。

私とカウンセラーはソファテーブルをはさんで向かい合って座った。

「最近、ドアが閉められなくて困っているんです」

「そうなんですか、どうしてかしら？」

「かけてもかけても、鍵がかかっていないんじゃないかと心配になって」

30分から40分話して、私は打ち明けた。

「実は父親に体を触られていたんです」

彼女は大げさに顔をしかめた。

そして胸の前で両手を握りしめ、身を乗り出して、

「まぁ、かわいそうに」

と言った。

私は同情されたと思い、身を硬くした。下に置かれたと直感したのだ。

声のトーン、表情、身振り、その全てから、

（こいつは何もわかっていない）

と感じた。話を聞かれただけで、解決につながるアドバイスもなかった。

専門家になど二度と相談するものかと心に誓って、私はカウンセリングルームを後にした。

私は敏感すぎたのかもしれない。でも傷ついた必死な心は、直感的に見抜いてし

まう。

その人がどのような価値観を持ち、自分をどのように見ているのかということを。私は自分の経験が理解されたと感じられなかった。どうしてこういう症状が起こっているのかという説明もされなかった。

本当は、性被害やトラウマについての専門家のところに行ければよかった。でも1996年には、そういう情報はほとんどなかった。

専門家への強い不信感だけを刻んで、私のカウンセリング体験は終わった。

抑鬱的な状態にもなっていたが、もうカウンセリングには行く気になれなかった。看護学校に入ってからは、レポートや実習に追われる日々だった。鬱の波は毎週末くらいに周期的に襲ってきて、その波が来ると電池切れのように何もできなくなってしまう。

生活上のことは母がしてくれるので、実習の準備などの最低限のことだけをして土日はずっと寝ていることもよくあった。

被害って認められない

あのことは私に何の影響も与えていない。そんなにひどいことはされていない、性被害であるはずがない。私は大丈夫、そう思いたかった。

その一方で、こんな目に遭っているのは私だけだとも思っていた。

それに、もし私が父親から性的に触られたことがある人間だと知られたら、そんな異常な体験をした私は、石もて追われると信じ込んでいた。

混乱した認識を解きほぐしていけば、次のようになる。
・どうしてこんなことが起こったのか理解できない。
・私は過剰反応しているだけ。
・世界は危険、誰も信頼できない。
・でもそんな危険な世界で生きていけない。だから「大丈夫」ということにしておこう。
・そんなに大変な被害なわけがない。だって大変だったら対処しないといけない。その対処はきっと、もっと大変だ。

暴力をはじめとする理不尽な体験を生き延びた人が、どのように生き続けていけるのかを優れた実践と共に書いた『その後の不自由』という本の中で「出来事から何年も経過し、それを被害と認識したときにはじめてTさんは、その出来事を〝体験〟したのでした」という言葉が出てくる（上岡陽江・大嶋栄子『その後の不自由』）。

恐怖を感じないために記憶を封じ込める。

あぁ、私と同じだと思った。

私も、感じることには耐えられなかった。

なぜ逃げられなかった？

30代半ばに「トラウマ」という概念を学んで、父のしたことがなぜそれほどまでに私を損ない、人生に大きな影響を与えるのか、ようやくそのメカニズムを理解できたと思う。

トラウマとは「過去の出来事によって心が耐えられないほどの衝撃を受け、それが同じような恐怖や不快感をもたらし続け、現在まで影響を及ぼし続ける状態」と定義されている（宮地尚子『トラウマ』）。

性暴力は、心理的にも身体的にもダメージを与えるトラウマになりやすい出来事だ。

トラウマになるような「死ぬかもしれない」と思わされる出来事に遭遇すると、人間の身体は生き残ることに全てを集中させる。脳のスイッチが切り替わり、人間がサバンナにいたころから用いてきた生き残り戦略が優先されるのだ。それは「逃げるか戦うか」という戦略だ。野生動物と同じように、私たち人間も襲われたとき、普遍的で原始的な防衛行動をとるのである。

危機に直面した動物は、襲いかかる敵を攻撃し勝てそうなら戦う。もし、負けそうならば逃げる。全ては生き残るために行われるのだ。

そして逃げることも戦うこともできないとき、もう一つの自衛策としてフリーズ（凍りつき）が起こる。

医学生物物理学博士で心理学博士であるピーター・リヴァイン氏は、フリーズ（凍りつき）も逃走や戦闘と同じように、生き残るためには普遍的で基本的な行為だと述べている。

もし、サバンナでインパラがチーターに襲われ逃げられなかったとしたら、その土壇場でフリーズ（凍りつき）が起こる。インパラは地面に倒れこむ。それは、死んだふりをしているように見えるかもしれない。しかし実際には変性意識状態に入り、痛覚や知覚などの全ての感覚を下げることで、チーターの鋭い歯や爪で引き裂かれている間、苦しまずにすむようにしているのだ。

この文章を読んだとき、野生動物は噛《か》まれているときも痛そうな顔をしないと聞くが、こういうことが起こっているのかと感じた。

また凍りつき戦略には、痛みを感じないことのほかに、生き残るチャンスを見つけるという意味もある。

チーターは「死んだ」獲物をほかのライバルに見つからない安全な場所や、子に食べさせるために自分の巣に引きずって行こうとするかもしれない。その間にインパラは硬直状態から目覚め、隙をみて逃げだすこともできるのだ。動物は危険が去ると、体のコントロールを完全に取り戻し、まるで何事も起こらなかったかのように日常生活に戻っていくことができる。

しかし、高度に脳を発達させた人間にはそれが難しくなっているとリヴァイン氏は述べる。

「トラウマ症状は、その『引き金となる』事件そのものが引き起こすのではありません。それは、未解決で未放出の凍りついた残余エネルギーから生じるのです。この残余エネルギーは神経系統の中に閉じ込められており、私たちの心身を破壊することがあります」（ピーター・リヴァイン『心と身体をつなぐトラウマ・セラピー』）

そういうことを知り、私は初めて、私の神経系にあの出来事が刻印されているのだということを理解した。

怖い気持ちが強すぎて、当時の私は抵抗することもできず凍りついていた。その恐怖のエネルギーと痛みは私の身体にずっと残っていた。

私はもう安全な場所にいるのに、被害のことを思い出したり考えたりするだけであのころに引き戻されて、息ができなくなったり、泣きそうになったり、体が震えだしたり、気分が悪くなったりする。

それは日常生活全般に及んでいて、性被害のニュースに触れたり、父と同じような体格や年齢、言動をする男性に接したりすることで心臓が喉元《のどもと》にせりあがってくるような気持ちになり、動悸《どうき》や息切れに襲われることがよく起こった。

それでも、性被害のニュースなどには注目せずにはいられない強い引力を感じることもある。そうやって引きつけられてはダメージを受ける。その繰り返しだった。だからこそ、普段は考えないように感じないようにし、男性にもなるべく近づかないようにして過ごしていた。

それでも、症状は漏れ出てくる。

「私」をなくした私

被害を受けている間は、戦場にいるようなものだと思う。

どうすれば逃れられるのか、これ以上ダメージを受けないためにはどうすればいいのか。体は硬直し思考はすごい勢いで回転するけれど、空転しているだけでどうにもならない。頭では動かなければと思うけれど、筋肉は強張《こわば》り、夢の中にいるように身体は思い通りにならない。心臓は早鐘《はやがね》のように打ち出し、呼吸は浅いのに拍動が2倍にも3倍にも大きく感じられる。そんな緊張状態の中で、全身から血の気が引き、その血液がすとんと足元に落ち手足が硬直して冷たくなるのを感じる――。

こんな戦場からやっと逃げてこられたそのとき、逃げてきた自分の手や足がないことに気づいたとしたら……。

自分の身体に大きな損失があるなんて、誰でも思いたくない。

私がなくしてしまったのは、自分自身だった。

空が美しいと思えたり、季節の移り変わりを感じたり、好きな人に胸をときめかせる時間の代わりに私が得たのは、何を見ても無感覚で空っぽな感情、男性というだけで恐怖感がわき上がってくる心、自分が生きているかも死んでいるのかもわからない凍りついた感覚だった。

失ったものの大きさや、自分の歪んだ認識、生活のしづらさに気がつきながらも、なお被害を認めることはできないのだった。

しかし症状が出てきた以上、全てを遮断していた状態には戻れなかった。

力がなくても前に進むしかない。

でも、それは痛みと向き合うことだった。

性暴力被害者・サバイバーのためのガイド②

私はどうなっちゃったの？ 性暴力の影響とそのケア

急に涙があふれてきたり、眠れなくなったり、激しい怒りを感じたり、身体の不調を感じたり、逆に何も感じなくなったり……。

私にもさまざまな変化が起こりました。

自分の心と身体が変化したとき、自分がおかしくなったと思うかもしれません。でもそれは、正常なもので自然なことです。

症状により心身の不調を感じたときは、誰かに相談しながら、対応していくこともできます。

自分が生きやすいように、自分が楽になるように試みていくことが大切です。

心と身体の傷がもたらす痛みに対処する

性暴力を受けたあとは、落ち着いて次の機関に相談してみましょう。

・けがの痛み→外科、救急科
・妊娠、性感染症、人工妊娠中絶→産婦人科
・頭痛、腹痛、倦怠感《けんたい》、身体の不調→内科、精神科
・心の痛み→精神科、心療内科、カウンセリング、セラピー、自助グループ
心の痛みには、恐怖、不安、絶望感、自責の念、無力感、怒りのほかに、失ったことの痛み（大切なもの・人・時間・純粋さ・自分自身）、あるいは感じられないという痛み（解離、感情麻痺、感覚麻痺）があります。

同じような被害経験であるように見えたとしても、被害の影響には個人差があります。大切なことは、自分と他人を比べず、自分を労《いたわ》ることです。

あなたは被害により傷ついたのだから、ケアが必要な存在なのです。

トラウマのケアについて

セラピーは有効

医療機関の精神科や心療内科でも治療を受けられますが、トラウマケアに詳しい医療従事者はまだ少ないというのが現状です。

また、保険診療の中ではできないさまざまなトラウマケアもあります。何よりも重要なのはセラピストとの治療同盟です。信頼できるセラピストと取り組むことが役に立ち

ます。

自助グループの力

自分と「同じような経験をした人とつながり、互いの話を聞きあう中で、自分は間違っていなかった、悪くなかったと思えるようになったり、トラウマ体験への意味づけを変えていったり、行動変容のロールモデルを見つけたり、『個人の問題』ではないことに気づいたりと、多くの効果をもたらします」（宮地尚子『トラウマ』）。

専門家・セラピストの選び方

・性暴力被害についての理解と知識があるかどうか（経歴などを確認しましょう）。
・自分が信頼できそうだなと感じる人とのつながりがあるかどうか（本を読んだり、講演に行ったりして、信頼できそうと思う人や団体のもとへ出かけて行って、自分と合うかどうかを確認してみます。またはそことつながっているところを選ぶとずれが少なくなるかもしれません）。

	精神科診療	カウンセリング・セラピー	自助グループ
良い点	保険診療内ならば、低価格で治療を受けられる	自分に合う治療方法や最新の治療方法を受けられる	同じ経験をした人に出会える
悪い点	自費診療だと高価格。性暴力とトラウマに詳しくない医療従事者もいる	保険診療ではない場合は高価格。セラピストは玉石混淆《こんこう》	グループ内での人間関係がうまくいかなくなることも

それぞれの相談場所の特徴

注意したいこと

・再被害の予防……助けを求めて治療に行ったのにそこで搾取されたり、被害を受けたり……。弱っている人を利用しようとする人もこの社会にはいます。おかしいなと思ったら、信頼できる人に相談しましょう。

・治療者とはセックスしない……治療者とセックスしないということは大事なことです。本来ならば治療者が守る基本です。治療者と性的関係を持つことは被害の状況を再演したり、いろいろな問題をその関係に持ち込むことになり、治療を継続することができません。

第3章　アルコールに溺れる

尿を飲みたい

2002年、28歳になった私はベッド数600床の総合病院で看護師として働き始めた。

保健師学校を卒業し、保健師の資格も取った。だが、自治体の保健師採用試験は倍率が高く、受からなかったので母校の病院で働くことにしたのだ。

看護師の仕事は大変だった。

記録を読み、患者さんの状態を把握し、バイタルサインを測定し、異常の兆候を見逃さないよう五感を使って観察をし、患者さんごとに看護計画を立案し、移動の介助、検査、採血、点滴、注射、投薬、食事の援助、清潔な状態の援助、排泄《はいせつ》の援助、その他もろもろの仕事を必死にこなしていた。

昼食を食べる時間が10分か20分くらいしかないこともしばしばだった。また、残業で21時まで病棟に残り、2時間だけ仮眠をとって夜勤を始めることもあった。

辞めたい辞めたいと思いながらも、患者さんやご家族、先輩看護師や同僚から学ぶことは多かった。そのころは感覚が麻痺したり退行している状態から、感覚を感じられるようになってきた時期でもあった。

20代前半は、あのことは私に何の影響も与えていないというふりをしていた。「私は大丈夫」「私は楽しいの」と言っていたが、実際には自分の感情や感覚は、まるですりガラスが1枚はさまっているようで、何が喜びで何が苦しみかもわからなかった。

でも、20代後半から、少しずつ物事を感じられるようになってきていた。仕事を始めて、さまざまな人々と関わることで世界が広がったことが影響していたと思う。仕事は大変だったけれど、患者さんやご家族から感謝されることで、自分はここにいていいんだと感じられた。また、生死に関わる現場で、大変な状況の人たちを看護することが自分自身のケアにも通じたのかもしれない。仕事場にはパワハラもなく、働いて生きることに安全感を抱けるようになったとも思う。

しかし、感覚がよみがえってくると、今度はトラウマの苦痛を強く感じるようになっていた。

ストレスも重なり、強迫症状はぶりかえしていた。

今度の症状は尿を飲みたいというものだった。

1年目に配属されたのは循環器病棟だった。循環器病棟では、IN－OUT管理（飲水や食事に含まれている水分の量と、排泄される尿量の計測をすること）のため、患者さんの尿量を計測していた。患者さんたちが尿瓶《しびん》に尿をとる。尿瓶にたまった尿を計測し、アセスメントするのが看護師の仕事だった。

循環器病棟のトイレの壁には、患者さんごとに尿瓶がずらっと並んでいる。

夜の寝静まった病棟のトイレで、壁に並んでいる尿瓶をにらみつけている若い看護師、それが私だった。

尿を飲んだら、頭がおかしい。

汚いし、感染の危険がある。

葛藤しながら、尿を飲みたいという衝動と闘っていた。

今、振り返ると、私が惹きつけられたのは男性の尿瓶だった。

後年セラピストとその尿を飲みたい衝動はどこからくるのかを話し合っていたときに「性的なことと関係しているかもしれない」と言われた。

尿瓶とペニスとの連想。

そのころは男性との付き合いは全くなく、交際そのものを回避していた状態だった。それでも自分の健康な身体からは性的な欲望が生まれてくる。それが歪んだ形で現れたのだろうか。

悩まされながらも、やはり忌避感のほうが強く、結局その衝動には抗《あらが》った。

麻痺させなければ生きられない

しかし、どうしても欲望に勝てなかったものがある。アルコールだ。

お酒には積極的にはまっていき、週に1回から、2回、3回と飲む回数は増えていった。一度に飲む量はそれほど多くはなく、生ビール2、3杯、サワーやカクテル4、5杯くらいだったと思う。たまに記憶を失うくらい飲むこともあった。

夜勤がある間は飲めないものの、明けるやいなや飲み会などに出かけていった。飲めば全てを忘れることができた。

仕事の大変さもオーバーラップしていた。生きていることが苦しい。仕事もストレスだ。なので、あまり意識を保っていたくない。酔うことによって抱えきれない苦痛である自分の感情や感覚を、麻痺させたかった。

看護師の仕事は大変だし、同僚もみんな若いし、ストレス発散と称して飲む機会が増えていった。アルコールは手に入りやすく、社会的にも許容されやすい。酔っ払っても、酒の席での多少の失態は大目に見てもらえる。

そういう飲み方は、ストレスがたまれば誰でもするのではないかと思う。でも、私の飲み方は、回避している性被害の経験に対する不安を感じないようにするため、自分の緊張を解くため、感覚を麻痺させるための飲酒だった。

その状態に持っていくためにアルコールを使うのだから、強い酒を大量に飲むことが必要とされる。

私にとってお酒は手段だった。酔えれば何でもいいモノだった。

客観的に見ると私は、普通に働いていて安全な環境にいる。でも、自分の中では被害の感覚が続いている状態だった。

トラウマ体験の際には、恐怖や怒りなどの情動に関わる脳の扁桃体《へんとうたい》が過剰に活性化される。そのため怒りや恐怖といった感情の記憶が深く刻まれる一方で、エピソードを記憶する海馬の働きが抑制されてしまう。そのため、記憶がひとまとまりの時系列のエピソードにならず、断片的な内容の曖昧なものとして残ったり、記憶としては全く思い出せないこともある。

しかし、傷は脳の奥深くに刻まれ、何かが起こるとすぐ身体の全神経系が警戒モードに入ってしまう。脳は傷つき回復していないから、いつまで経っても被害から抜けられない。

だから、安全感を覚えられないし落ち着けない。死んだほうがマシだった。

でも、生きたかった。

だけど、死にたかった。

お酒を飲むことで、そういう混乱や自分にとって安全でない環境で生きる恐怖を麻痺させながら、なんとか生き抜いていた。アルコールで麻痺させていたからこそ、この時期を乗り越えられた。私はそう思っている。

だけど、それは両刃《もろは》の剣《つるぎ》だった。

殺されたい衝動

保健師学校時代、実習グループの仲間と居酒屋で飲んでいたときのことだった。

若い娘たちのこと、〝恋バナ〟でみんな盛り上がっていた。

みんなは楽しく当然のように私の経験を聞いてきた。仲間たちは酔っていたので、悪気なく無理に聞き出そうと迫ってきた。

「絶対話したくない」

恋バナを聞かれても、私には父との経験しかなかった。それを話すことなど考えられない。顔は青ざめ血の気が引いていくのがわかった。

私は引きつって、居酒屋の席の隅でうつぶせになり胎児のように丸まってしまった。

「この話は嫌なんだよ、やめておこう」

と一人の子が言ってくれた。

解散したあと、私は途中駅で降りて、夜の河川敷をさまよっていた。

黒々とした川面が眼前に広がる。

私は、もうそのときで27歳なのだった。

でも私には何もなかった。

男友達を紹介してくれようとする人もいたけれど、怖くてとても行けるような状態ではなかった。

あぁ、私はまともな人間ではないのだと思った。

まともな人間にはなり得ないのだと思った。

すごく酔って、暗い夜の河原などの危険なところに行く行為が最初に始まったのは、このときだった。

私はそのとき、殺されたかった。

誰か自分をめちゃくちゃに破壊してくれと思い、暗い河原をさまよい歩いていた。

もし、本当に死にたかったのならそのまま川に入っていっただろう。

でも、私はそのとき誰かの力で殺されたかった。

それは、私の中にある強い殺意の裏返しだったのかもしれない。だが、殺意を向けるべき加害者はそこにはいない。

いるのは、性的に傷ついた自分、もう性的に人とつながることはできないだろう自分、まともな人間ではない自分だった。

殺されることは確かに怖い。けれど、脅《おび》えながらも、もっとひどい目にも遭って、めちゃめちゃにされたかった。

どのくらい歩いたのだろう。私を殺してくれる人は現れず、河原の堤防にぼんやりと座り込んでいることに気づき、私は家に帰った。

その後も何回か、酔いすぎては危険なところに行くという行動はあった。自分の怒りや憎しみや殺意を把握できていないときだった。

運の悪い出会いもなく、今も生きていられるのはなぜだろうと考える。そこまで積極的に危険に向かっていくことはなかったこと、母親が支えてくれていて関係が安定していたこと、仕事をして生活できる精神状態が保てていたこと。いろいろな絆に支えられたのだと思う。

私の場合、綱渡りのロープがたまたま切れなかっただけなのだ。でも、逢魔《おうま》が時《とき》に誘い込まれるように危険に向かっていってしまう人もいる。

それを運命というのはあまりにも理不尽だと思う。

死にたい人たちとの出会い

看護師になってから2年後、私は救急病棟に異動になった。心筋梗塞《こうそく》や脳卒中、交通事故などの、緊急に集中的な治療を要する人たちが運ばれてくる場所だ。

そこには、自殺未遂の人たちも運ばれてきていた。自室のベランダやホテルの窓から飛び降りた人。練炭自殺を図り、一酸化炭素中毒で植物状態になった人。睡眠剤や精神科の薬を大量に服薬した人。リストカットを繰り返す人。

くも膜下出血や、心筋梗塞、交通事故の多発外傷の患者さんたちが運ばれてくる救急現場で、彼らは迷惑な存在だった。

救急病棟は救命が第一なのだ。命を助けようとギリギリの努力をしている最中に、自ら命を絶とうとする人たちが運ばれてくるのは、やりきれないことだった。

きつい言い方だが、

「死ぬんだったら、ちゃんと死ねばいいのに」

と言った医療従事者もいる。

松本俊彦氏の『もしも「死にたい」と言われたら』という本には、次のように書いてある。

「『死にたい』とだれかに告げることは、『死にたいくらいつらい』ということであり、『もしこのつらさを少しでもやわらげることができるならば、本当は生きたい』という意味なのである」。こういう自殺未遂者の心理が知られていない時代だった。今もなお、全ての医療従事者がこのような心理を理解しているとは言えないのかもしれない。

リストカットをした患者さんには必要な縫合をし、傷の手当てをする。飛び降りをして、下肢や骨盤を骨折した人には骨折整復術を行う。その前に臓器損傷で亡くなる人もいた。

意識なく運ばれてくる睡眠剤などの向精神薬の過量服薬者には、嘔吐物《おうとぶつ》で窒息しないよう胃管カテーテルを入れ、点滴投与で血液中の薬物の血中濃度を薄め、それらを尿として出せるよう膀胱《ぼうこう》留置カテーテルを入れるのが手順だった。

「薬を飲んだ」「もう死ぬの」

大量の薬を飲んだ過量服薬の人はそう言って、身近な家族や恋人に連絡する。家族や恋人が慌てて、またはうんざりしながら駆けつけ、意識不明の彼らを発見し、救急車を呼び、運ばれてくる。

前記の処置をして翌日に目覚めたあとは、魂が抜けたようにぼんやりとしていることがほとんどで、精神科を紹介して、退院手続きを取るのが常のことだった。

彼女も、そんなルーチンの処置をする過量服薬患者として運ばれてきた。付き添いもなく、一人だった。救急車は自分で呼んだのだろうか。それとも、連絡した相手が消防にだけ連絡したのだろうか。

過量服薬の患者さんたちは、薬物で昏睡《こんすい》しているので、多くは翌日の昼前後に目を覚ます。だが、彼女が目を覚ましたのはまだ夜が明けきらない3時か4時だった。そして、普通の過量服薬患者と違って、はっきりと目覚めていて、怒りを発散させていた。

「なんでこんなとこにうちがおるねん！　うちもう帰るわ！」

夜勤のもう一人の看護師は仮眠中で、病棟には私と当直医しかいなかった。

「こんな状態で帰すわけにはいきません。朝になってから手続きをするので待ってください」

と説得したが、彼女は聞かなかった。

強硬に出ていくと言い募るが、とても一人では帰せない。迎えに来てくれる人に連絡してくださいと言う私と押し問答になった。

彼女は苛立《いらだ》った様子で、友人だという人の電話番号を差し出した。私は電話をかけた。

「もしもし、夜中に申し訳ありません。○○病院の看護師の山本と申します。実は……」

と話を切り出す。

迎えに来てほしいと頼んだ時点で、話を聞いた女性は怒りだした。

「迎えになんか行かれへんわっ！　うちとは全く関係あれへんっ。もう二度と電話なんかしてこんとって！」

ガチャリと電話が切られたあとのツーッ、という音だけが耳に刺さる。とても、そのままの言葉は聞かせられなかった。

私は恐る恐る、ベッドに起き上がっている彼女に言った。

「もう遅いですし、今日は難しいと言っていました。朝になってから相談しませんか」

彼女は、無言だった。

顔も上げなかった。

彼女は無言のまま、腕に刺さっている点滴留置針をテープごとひきはがし、尿道に入っている膀胱留置カテーテルを引き抜いた。

膀胱留置カテーテルは、空気を膨らませて膀胱入り口に引っかかるようにして固定するものだ。空気を抜かないで抜くと、出血する可能性があるし、とても痛い。

でも、もう止められなかった。

救急用の夜間出入り口から、病院の外に出ていく彼女を私は見送った。色あせた小さなバッグを持って、救急搬送用の両開きの自動ドアを通り抜けていく後ろ姿だけを覚えている。小さな背中が、未明の駐車場をよろめきながら斜めに横切って歩いていく。その姿が闇の中に溶け込んでいくまで、彼女を見つめた。

彼女が見せた激しい怒りと絶望。

彼女は私だと思った。

誰にも理解されない、誰も助けてくれない、憤怒と絶望。

絶望するのは期待があるからだ。何とかしてほしいと助けを求めているからだ。

でも誰も助けてくれない。そして、いつも裏切られる。

叫んでも耳をふさがれ、ドアを叩《たた》きまわっても目を背けられる。暴れまわっているようにしか見えないから。

では自分の中の、この暴れ馬のような衝動をどうすればいいのか。

どうしようもない痛みを抱えて彼女が彷徨《ほうこう》していることが、私にはよくわかった。

でも、なにもできなかった。

看護の教科書には、彼女のような人のことは書かれていなかった。もちろん私のことも。

学びたい、何とかしたい、そう思った。

でも、すでに最大のトラウマの嵐にも巻き込まれていたのだった。

性暴力被害者・サバイバーのためのガイド③

どうしてハマる？　性暴力のトラウマと対処方法

お酒を飲みすぎちゃったり、買い物しすぎちゃったり、ただでさえ多い薬を飲まないともっと不安になったり、ほかにもいろいろな問題をあなたは抱えているかもしれません。

性暴力を受けた人は、いろいろな対処法を使って被害の影響を軽くしようと試みます。その中にはよい対処法もあるし、悪いものもあるかもしれません。

このガイドでは性暴力と依存（アディクション）について考えていきます。

性暴力とトラウマ

性暴力は心理的・身体的にダメージが大きく、トラウマになりやすい出来事です。このことは、被害者・サバイバーがさまざまな対処法を必要とすることと深く関わってきます。

トラウマによって、朝起きたときから寝るときまで、被害を受けたときと同じような恐怖や不快感を抱き続けなければいけないとなったら怖いですよね。

あるいは、ずっと感じ続けることはないかもしれないけれど、何かのきっかけで被害を受けたときの感覚がよみがえり、恐怖や苛立ち、怒りを感じてしまうことがあるかもしれません。

そのように、被害を思い出させ心身の不調をきたすきっかけになるものをトリガーといいます。

トリガーって?

・加害者に似たもの(背格好、性別、名前)
・被害を受けた場所(場所、似た環境)
・被害のときに近い状況(服を脱ぐとき、寝るとき)
・被害のときに目撃したもの(服の色、物品)
・被害に関する感覚(接触、におい、音)
・関連する情報(ニュース、性的な話題、性教育)
・被害後の状況に近いもの(病院や警察などでの体験に似た環境)

(もふもふネット専門研修資料)

日常生活にはトラウマのトリガーがたくさんあります。

トリガー自体は危険ではないのですが、寝るときの仰向けになる角度が押し倒されたときと一致したり、性被害のニュースを聞いたりして自分の被害を思い出してしまうことになったら、日常的に恐怖や不快感を抱き続けなければいけないことになります。

家の中でも安心できず、とても怖くて生きづらい状態になります。

だから、被害経験者はその恐怖や苦しみから逃れるため、感じないように感覚を麻痺させたり、反対に強烈な刺激を得てそちらに注意を集中させるようなことを無意識にすることがあります。

「心理的な痛みこそが依存症や嗜癖《しへき》行動の中心的問題」（エドワード・J・カンツィアン、マーク・J・アルバニーズ『人はなぜ依存症になるのか』）といわれており、依存の根底には痛みと回避（痛みを避けようとする気持ちや行動）があります。

サバイバルスキル――生き延びるための対処法

感覚を麻痺させたり、強烈な刺激を得たりするための方法は、悪いことのようにとらえられがちですが、本人が生き延びるために行う自分を癒す方法であるという面もあります。

次のページの表は左側を不健全な対処法、右側を健全な対処法としています。

不健全な対処法	健全な対処法
○感情の対処法（否認、忘れる、解離など） ○完璧になる ○助けを求めない ○問題のないふりをする ○自傷行為（リストカット、やけどなど） ○摂食障害（拒食や過食） ○依存・アディクション（たばこ、お酒、処方薬・違法薬物、仕事、ギャンブル、買い物、ゲーム、ネット、セックスなど） ○自死	○情報を得る（本、講演会、研修） ○相談する（性犯罪・性暴力被害者のためのワンストップ支援センター、いのちの電話、支援団体、公的機関〈警察、保健所、福祉事務所〉） ○治療に取り組む（精神科医療、カウンセリング、セラピー） ○人とつながる（自助グループ、オフ会、各団体） ○身体のケアをする（ヨガ、マッサージなど） ○自然に触れる、動物と親しむ

いろいろなサバイバルスキル

でも、健全なことだけに取り組まなければいけないと言いたいわけではありません。

自分は壊れている、価値がないと感じるとき、健全な対処法はまぶしく近寄りがたく感じることもあります。地の底まで落ち込んでいるときは、不健全な対処法こそ波長が合うように感じることもあります。私も両方を使って生き延びてきました。

しかし、不健全な対処法を続けることで生活や人生の質が悪くなってしまうこともあります。依存は「個人だけでなく、その人が持つ関係性のすべてを破壊する力」（前掲書）も持っています。

そういった負の側面もひっくるめて

生き延びるためのサバイバルスキルでもあるということを認識しながら、より健全な対処法を身に着けていくことが、回復に近づくことになると私は考えています。

相談する

相談することが、一番の解決方法だと思います。

依存については、アルコールは「ＡＡ（アルコホーリクス・アノニマス）」、薬物は「ダルク」というように、歴史と経験を持つ回復共同体のグループがあります。

性暴力にも詳しい専門家やグループはまだ少ないですが、自分のニーズにあう専門家を見つけるために、本を読んだり、相談機関に聞いたり研修に参加したりして探すことができます。自分がよさそうだなと感じるところに参加することが大事です。

信頼できる人や相談場所が増える

困っていること、悩んでいることを否定しない、信頼できる人や場所とつながることです。

あるいは自分の悩みごとの相談に乗ってくれる団体などの場所や連絡先を知っていることが大切です。問題が大きくならないうちに相談することで、解決に要する時間やエネルギーを節約できるからです。

アディクションや自傷、さまざまな精神症状などの困難を抱える被害者を全体的に支援する制度が求められており、そのような人や場所を増やすことも社会全体の課題です。

生活の質を変化させる重要性

私はどうしてお酒の濫用《らんよう》をやめられたのでしょう。気がついたら自然に飲まなくなっていたというのが正直なところです。

同じ性暴力サバイバーや被害者支援をしている人たちとつながり、さまざまな情報を得て、「自分が悪かったのではない」「いつか、まともな人間になれるかもしれない」、などと思えるようになったことが大きいと思います。

それまでは正常に見えるように必死に努力して、取り繕《つくろ》って生きてきました。その緊張をお酒で紛らわしていたように思います。

性被害を受けたありのままの自分をそのまま受け入れてもらえる場所や人に出会えたことで、自然にお酒を飲みすぎるということはなくなってきました。

今では、親しい人と味わいながらお酒を楽しんでいます。

第4章

セックスが怖い、けど止められない

私は老処女

30歳まで、私は性的には引きこもりだった。

なぜなら、私は20代後半まで「男は女を襲ってくる危険な生き物」「男は獣、悪魔、敵」と本気で思っていたからだ。男と二人きりになるのはとんでもない、隙を見せたら飛びかかって襲ってくるのだと信じ込んでいた。その根底には、「実の父親がこんなにひどいことをしてくるのなら、他人はもっとひどいことをしてくるだろう」

という強い思い込みがあったと思う。

そんなふうに思っていたので、自分が男性と二人きりになれないというだけでなく、友人が合コンに行くという話を聞いても心配だった。

友人が主催した合コンで、参加した女性が帰りに男性に送ってもらったという話を聞くと、レイプされているんじゃないか、家に帰ったのかちゃんと確認しなくていいのかと主催者に確認しては、「そんなことあるわけないじゃない」と呆《あき》れられたりもしていた。

でも、その不安や心配は私の中では止めようもないものだった。男性に対する恐怖や不安を抱えながらも、一方では自分が女性として生きていくことができないことに絶望も感じていた。

こういう場面を覚えている。

20代後半のときだ。

誰もいない家の中で、私は裸になってみた。白い裸身が鏡の中に映る。この身体は決して誰にも触られないで朽ちていくのだろうと思った。

処女のまま老いていく、私は老処女だと感じた。

老処女というのはトルストイの『戦争と平和』の中の老嬢から着想した言葉だった。

誰にも触られることなく、求められることもなく、私は老いていくという絶望。仕方がないと諦めるには、私はまだ若すぎた。でも、どうにかして状況を変えていく力もなかった。静かに絶望しながら、ふつふつとした怒りを抱えていた。そして怒りの出し場もなく鬱屈《うっくつ》していた。

そんな中で、その後少しずつ状況が変わっていったのは、看護師として働いていた経験があったからだと思う。

そこで経験したのは、男性たちが襲いかかってはこなかったということだ。医師の男性も、検査技師の男性も、患者の男性もどうやら飛びかかってくるわけではないらしいと知った。

そういう認識ができて、また30歳という年齢を迎えて、私は初めて「ああ、誰かと愛し合いたい」と思えるようになった。

心はいらない

物語なら運命のパートナーや王子さまが現れてメデタシメデタシだが、現実の人生はそうはいかない。

「誰かと愛し合いたい」と思うようになった私は、誰かと付き合うことにした。友達から紹介された男性だ。

自分のこともわかっていなければ、相手のこともわかっていない。どんな人がいいのかと言われても、どんな人が何かもわからなかった。

それは、外国に行って初めて目にするその国の通貨の価値が全くわからないようなものだ。何と交換できるのか、どんなことができるのか、それ以前に自分が何をしたいのかもわからない。

仕方がないので、セオリー通りの行動をしてみる。

その人とは何度かデートをしてキスをしてみた。何も感じなかった。唇が押し付けられているなと思うだけだ。好きという感情もわかなかった。私のそんな反応でその人とはすぐに会うことはなくなった。

次に出会ったのは遊び人の年下の男の子だった。救急外来で働いているときにナンパされるというおよそあり得ない出会いだったが、年下のその子はすごくかわいく思えて、安心だった。

一緒にご飯を食べたときに、彼には複数の彼女がいることがわかった。そんなにモテるのかということは私を感心させた。なにせ、自主隔離して生きてきたので、ナンパ男に免疫がないのだった。

それに、そもそも恋人関係になるのは怖い。複数の中の一人ということは、真剣に向き合わなくてもいいということで、そのときの私には安心に思えた。

30歳を超えてやっと性的好奇心が高まった私は、デートを重ねる中で彼とホテルに行った。けれど、やっぱりセックスをすることは怖く、最後まではできなかった。彼は我慢してくれた。それに、彼にはほかにも恋人がいると思えば私にも罪悪感はない。

こういうことから「男性は我慢できるんだ。性交して射精までいかなきゃ気が済まないということでもないんだ」ということを実体験で知ることができた。

おかしな私の感覚と、一般的ではない関係の中で、私は彼をとても好きになった。それなのに、好きになったら今度はひどい目に遭わせたいという感情が出てきた。年下でも経験は向こうのほうが上なので、私がひどい目に遭わせられるはずもない。どうして好きな人をひどい目に遭わせたいと思うのか、私は混乱した。好きならば、愛《いと》おしいと思い、優しくしたいという感情が出ると思う。なのに、相手を痛めつけたいと思うのはなぜなのだろう?

思い起こせば、彼は父に似ているところがあった。

ハンサムでいい加減で自分勝手な彼の行動は、父を思い起こさせた。彼に抱いた好意と敵意。彼を好きだという気持ちと、父に対する怒りや憎しみが混ざり合って出てきて、私は感情のコントロールができなくなっていた。途中からは彼に恋い焦がれて気が狂う思いだったが、そんなことをしても彼は手に入らないし、無駄だということはわかっていた。

関係を断ち切ろうと、彼とつながる電話番号やメールアドレスを消去し、携帯電話も変えて、会いたくても会えないようにした。

それでも、会いたいという思いが高まり、でも会うこともできず、投げやりな気持ちになっていった。

そして私は、別の男性たちと付き合うようになった。

大病院は若い男と若い女が働いているので出会いも多い。飲み会も多いし、そのどさくさに紛れて、いけそうな男性に寄っていった。

でも、私は最後まですることができなかった。

どうしてもセックスが怖かったのだ。

それでもホテルに行かずにはいられない。そんな状態だった。

そんな繰り返しの中、ホテルに行ったとき、とても楽しそうに「一緒にお風呂に入ろう」と言われたことがある。

私は〝ドン引き〟した。このあとあんなに怖いことをするのに、なんで風呂になんか入らなければいけないのか。

私のそんな反応は相手をとまどわせたと思う。

向こうには楽しいこと、でも私には恐怖であること。

私はとても楽しそうに言われたことがショックだった。

ああ、そうか、普通にはセックスは楽しいことなのだろうと思った。

セックスを重ね、性的感情を共有し、より親密になっていくのが関わりだとしたら、私は相手とは心を共有したくなかった。恋愛のような親密さは無理だった。

身体だけでいい、心はいらない。ワンナイトでいい、そう思っていた。

恐怖を飛び越えたい

私が初めてのセックスをしたのも、そんなワンナイトでの出来事だった。

それは友達の結婚式の日のことだった。

振り返ると、私は結婚式に参加するときにおかしくなった。これまでも、結婚式に呼ばれた席で新婦の弟を口説こうとしたり、性的感情が高まり誘惑するような行動をとったりすることがよくあった。

セックスが怖いのに、どうしてそんな行動をとったのだろう。

性暴力は神経系に刻印される恐怖だ。しかし、「命あるところには希望がある」という言葉の通りに、私たちの命はその恐怖を打ち破り、本来の生き生きとした生命の輝きを取り戻そうとする。性的な欲求は身体の健康さの証明だ。

心理療法の一つであるハコミセラピーでは、癒しは生き物にのみ起こることであり、私たちの身体は性と生命の自然な営みに戻ろうとする力を持っていると説明される。

性的な欲求が恐怖と直結している中で、私はそれでもその恐怖を超えて自分自身の健全さを取り戻さなければならなかったのだと思う。

後年に相談したセラピストには、「山本さんは挑んでいくタイプなのね」と言われた。

年下の彼とホテルに行ったとき、自分が最後まで性交したくないときは、男性は女性の希望を尊重することもできると知った。ほかの男性たちも強引にセックスをしようとすることはなかった。そうやって、ここまでは大丈夫、ここまでは大丈夫と少しずつ性に対する恐怖を乗り越えていった。

そんな私でも、決して到達できない自分には不可能なこととして感じていたことが、結婚だったと思う。

恐怖なく特定のパートナーと性的な関係を結ぶこと。それを継続していくこと。性被害を受けた自分には、それは決してかなわないことだと思っていた。

緑と光があふれる幸福感いっぱいの会場に美しい花々が飾られた、女の子の夢のようなとてもすてきな結婚式に参列しながら、私は深い絶望感に襲われていた。

(ああ、私は絶対にこんなふうに特定のパートナーと幸せになることはできないのだろう)

愛を育み結婚した二人が目の前で幸せになっていくのを見ながら、私は浴びるほどお酒を飲み酔っ払った。

そして新郎の友人の一人と一緒に帰ってホテルに泊まった。前後不覚だった。目覚めたらシーツに血がついていて、コンドームもなくセックスしてしまったことを知った。

まず頭をよぎったのは性感染症と妊娠のことだ。そうなったら費用は半分出してもらおうと考え、私は相手の連絡先を聞いた。

相手は渋ったが、

「あなたは新郎の友人なんだから聞けばわかるよ」

半ば脅すようにして連絡先をもぎ取って、私は仕事のために夜勤に入った。病院に行ってから気がついたが、どこかで切ったのか左膝《ひざ》の下に大きな傷ができていた。無感覚に傷の手当てをして痛み止めを飲んだ。その傷痕は今も残っている。

気持ちは荒れていた。

私はセックスをこう感じていたと思う。

怖いもの
危険なもの
嫌なもの
どうしたらいいかわからないもの
震えながらも立ち向かっていくべきこと
男の快楽のためだけにあるもの
男に身を捧げるもの
男に奪われるもの
したくなくても、しなければならないこと
単なる体でする行動

当然その相手とはその後会うこともなかったが、そういうふうに1回限りのセックスをしてしまうことはその後も続いた。

怖くて震えているのに、性行為をせずにはいられない。

お酒を飲んで感覚を麻痺させ、終わったあとには傷だらけということもよくあった。繰り返しの反復行為をせざるを得ない状態に陥っていて、自分の意思でコントロールが利かないのが一番苦しかった。

そういうことをしながら私は感じていた。

男たちは一人ひとり違うし、セックスも一つひとつ違う。

その中から確認していた。

父との違いを。

上からのしかかってくる重みの違い、感触の違い、においの違い。

性的な体験を重ねるたびに、10代のときのあの経験を思い出す。それは身体からよみがえってくる記憶だ。

のしかかってくる男の重みを感じながら、私は父を見ていた。彼がどのように私に覆いかぶさってきたのかを。

関係のない関係

東京の病院に転職した33歳のとき、もう一夜限りはやめたいと思った。心は多層的なものだ。体だけでいいと抑え込みながらも、心の奥底では愛し愛される関係を望んでいた。でも、それがどうしてもできなかった。ワンナイトを繰り返していたとき、自分が何をしているのかさっぱりわからなかった。どうして、特定の人と一対一でお互いを大事に思えるようなまともな性的関係を結ぶことができないのかもわからず、苦しかった。

この状態を何とかしたいと思い、東京で行われていたSANE（Sexual Assault Nurse Examiner：性暴力被害者支援看護職）研修で講師をしていたフェミニストカウンセラーのカウンセリングを受けることにした。

フェミニストカウンセリングとは、女性のための女性によるカウンセリングだ。伝統的なカウンセリングとは違い、「女性の生き難さは個人の問題ではなく、社会の問題である」というフェミニズムの視点をもって、それぞれの女性の問題解決をサポートしている。セクシャルハラスメント、DV、性虐待、性暴力などの「女性への暴力」の存在を明らかにし、社会に問題提起し、その解決のためにさまざまな取り組みを続けているところに特色がある（日本フェミニストカウンセリング学会HP）。

そのカウンセラーは講義の中で、こう教えてくれた。

「性暴力被害者が回復するのに5年、依存行動があれば10年かかります」

その言葉を聞いたとき、私はその年月が長い道のりだとは思わなかった。

何より、終わりがあると知れたことが嬉しかった。この出口のないトンネルを、明けない夜を、ずっとさまよい続けなければいけないのかと思っていたから。

5年か10年、そういう見通しがあれば希望を感じられる。でも、それはケアを受けてこそなし得る回復への道筋なのだろう。

そうして私は、もう二度と行くものかと思っていたカウンセリングを受けることにした。

私はカウンセラーに、父からの性被害の話をし、

「30歳までは性的に引きこもりで、30歳を超えてから誰かと愛し合いたいと思うようになったものの、1回限りでいいと思ってしまうんですよね。前は悩んでいたけ

れど、今は、そんなのも仕方がないのかなと思っています。でも、父親との関係がどんなふうに影響を及ぼしているのか知りたいと思う。あと、できればもう少し長い関係を結びたいとは思うけれど、どうしてそうできないのかを知りたいんです」

と話した。

私の話をひと通り聴いたカウンセラーはこう言った。

「お父さんからされたことは、彼が『あなたの父親』という関係でなければ起こらないことだった。あなたは親しい人から侵入されるという経験をしているから、関係があることのほうを危険だと感じるんだと思います。だから、一夜限りのような関係のない関係のほうがあなたにとっては安全だったんだと思いますよ」

関係のない関係のほうが安全。

その言葉は私の胸に深く響いた。

ずっと、まともな関係が結べない自分を責めていたけれど、そういうことだったのかと納得できた言葉だった。

そして、「誰か、身近な女性の中でこうなりたいなと思う人はいる？」と聞かれた。

「います。美智子です」と私は答えた。

美智子は保健師学校時代に知り合った私の美しい親友で、とても共感力が高く人間関係をスムーズに築ける子だった。美人で優しく、でも基準に達しない男性は容赦なく切り捨てる彼女は、男性からとてもよくモテた。

彼女の優しく厳しい姿を間近に見ていて、その姿勢はとても大切なことだと思った。美智子は自然な自信を持っていて、満たされた人生を歩もうとするから、男性にも高い人間性を求める。だから男性たちも自分を成長させようとするのだ。

一方、私は恐れていた。男性からひどい目に遭うことを。だから、自分から要求することも相手を拒否することもできず、唯唯諾諾《いいだくだく》と従ってしまう。

それは正反対の性の在り方だった。

美智子が言った今でも忘れられない言葉がある。

「潤ちゃん、男は女を幸せにしてくれるものよ」

私はのけぞった。

男は敵だと思っていたのだから、私にとっては天と地がひっくり返るほどの衝撃だった。

そんな彼女は、言葉通り男性たちからとても大事にされていた。そして、彼女も男性たちを大事にしているのだった。それは私の知らない世界だった。

「その美智子さんを見て、ならえるといいよね」

とカウンセラーは言ってくれた。

彼女の男性との関わり方は、私にはとても真似《まね》のできないものだけれど、できる限り見ならおうと思った。

だが、意識で変えようと思って変えられるのなら苦労はしない。

私が引っ掛かってしまうのは、将来はDV男になりそうな自信家で傲慢《ごうまん》で人を傷つけても意に介さないような自分勝手な男性たちだった。

彼らを好きになってしまうのは、私自身が性的関係の中で安全で安心な関係を経験したことがなかったからだと思う。私の初めての性的な関係は危険で傷つけられるものであり、それ以外の関係など私には想像もできないことだった。

美智子には性被害の経験を伝え、そんな私の悩みや行動を相談していた。

彼女は、私を批判したり分析したりすることなくそのまま話を聴いてくれていた。

その上で、

「潤ちゃんはどうしてそう思うの？」

と質問してくれた。彼女の感性での自然な質問は、私を狭い思い込みの世界からハッと立ち返らせる効果があった。何で私はそう考えてしまうんだろう、もしかしたら違う在り方もあるのかもしれないと。

ずいぶん経って、親友の美智子に今からデートだという話をしたとき、美智子から、

「いいじゃん、甘えておいで」

と言われたことがある。

私の頭は激しく混乱した。

(……甘えるって、何?)

私にとって男性に会うのは、緊張と葛藤の連続だった。

「棒でしかない男たちめ」という憎悪を抱えながら、その場限りのセックスをし、そんな自分に嫌悪感を持ち、そのような嫌悪感をもたらす男たちに怒りを感じていた。そんな混乱をもたらす相手にまた怒りを感じ、その怒りの感情が知られて仕返しされるのではないかという恐怖を感じる。堂々巡りのちぐはぐな感情と行動。

甘える、甘えるとぐるぐる考え続けた私に、そのときの彼は腕枕をしてくれた。

私はどうしたらいいのかわからなかった。

(何で私なんぞに腕枕をしてくれるのでしょうか)

そんな気持ちだった。

こんなふうに、私は普通に出会って愛情や思いやりを交換するということはできなかった。相手にとって私の存在が二番目のほうが安全のように思えたり、その中で焦燥感や虚《むな》しさを感じたり。でも、それこそが、私が慣れ親しんできたものだった。

崖から翔ぶ誘惑

一人の人と継続したまともな関係を結びたいと思いながらも、そうすることができない。

自分の心と実際の行動がバラバラな中、私は出会い系サイトに登録していた。実際に会うことはなかったけれど、ある夜勤前の日中の時間帯で、どうしてもどうしてもセックスをしたくてたまらなくなった。

性的な高まりを和らげたく、出会い系サイトにアクセスしてすぐに近場の駅に出てきてくれる人を見つけた。

「今から来れる？」

「行くよ」

相手もやる気満々だった。

あとは行くだけだ。

なのに私は、看護師寮のフローリングの床に土下座をするように丸まってうずくまっていた。

駅に行けば目印の相手と会え、ホテルに行ってセックスをして、戻ってきて夜勤に行く。

そんなことをしたかった。いや、したくなかった。

それは、崖から翔《と》ぶ誘惑だった。手を広げ、崖の上を走り、重力を振り切って、滑空するように崖から飛び立ちたい。

でも、私には翼がない。断崖からもんどりうって転げ落ち、寄せては返す波に乗せられ、何度も何度も岩に叩きつけられるだろう。

それがわかっていながら翔びたかった。この自分でも抑えきれない衝動から解放されたい。

セックスがしたいわけではないのだ。

でも、セックスせずにはいられない。

自分を蔑み、苦しめ、体の快楽を感じ、それによって絶望し、自分を貶《おとし》め、相手を軽蔑し、どんな相手かもわからない男性と性交する危険な場面に身を置き、自分を裏切り、全てを粉々にしたい。

それはあまりにも強烈な衝動だった。

フローリングの床に丸まってうずくまったまま、時間が来て私は夜勤に出るため病院に行った。

なぜ私は行かなかったのだろう。

仕事への責任？　危険な目に遭うかもしれない恐怖？

崖から翔ぶ誘惑は比喩だけれど、看護師寮の床に丸まってうずくまった私は、確かに崖の下を覗いていた。そして、崖の下に叩きつけられた自分の死体を見た。

崖から翔んでも、岩場に叩きつけられるだけ。

それがわかってなお私は翔びたかった。あまりにも重いトラウマの重力を振り切って、たとえ一瞬でもいいから解放されたかった。

でも……。崖の下の自分の死体を見下ろす。

私はまだ、死にたくなかった。

断崖から引き返し、振り返りつつ、私は崖から離れていった。

翔ぶことへの誘引も徐々に薄れていった。

性暴力被害者が、性的な行動を活発化させることがあることは専門家にはよく知られている。それは、過去に身を置いてトラウマの再演をする無意識の試みだ。トラウマティックな場面と同じ状況を引き起こし、「あのときできなかったこと」「あのとき言えなかったこと」を終わらせたい。逃げることも戦うこともできず、凍りついて固まってしまった自分の感覚と感情の反応を、その場面を引き起こすことで完了させたいのだ。

例えば路上で性被害に遭った人が、繰り返し同じ時間帯に自分が性被害を受けた場所に行ってしまうということがある（ジュディス・L・ハーマン『心的外傷と回復』）。

それは乗り越えようとする試みなのだろう。でも、トラウマティックな場面の再演は、更なる暴力被害を呼ぶことも多い。

私の意識では、なんで自分がそんなことをしているのかはさっぱりわからなかったけれど、私の無意識は再演を引き起こしていたのだ。

再演は危険であることが多いけれど、次のステージに進むきっかけになることもある。

次はそんな話をしたいと思う。

父の影

少しは長持ちする関係を結べるようになり、10歳年上の男性と付き合うようになった。

自分のことしか言わない男性で、会うのはいつもラブホテルだった。

ほかに付き合っている人はいないようだったが、プライベートに立ち入るような進展はなかった。

口では「愛している」「君はほかの女性とは違うよ、すごいよ」と言いながらも、実際にプレゼントをくれたり喜ぶようなところに連れていってくれたりなど、愛情を行動で示してくれることはなかった。

求められているのは体だけ。友人とコンサートに行っているときにもちょっとした時間を埋めるために呼び出されたこともあった。

「今は友達とコンサートに来ているから……」と伝えても、

「僕はすごく忙しい仕事の合間にでも、どうしても君に会いたいんだ。僕のことが大事じゃないの？」

と言われると、会いに行かなくてはいけないような気がして、友人に謝り駆けつけた。

そのくせ、ホテル代を私に出させようとするのだった（絶対に払わなかったが）。

忘れられないのは一緒に旅行に行ったときのことだ。付き合っているのだから一緒に旅行に行きたいと伝え、私がホテルの予約を取り、近場の温泉に一泊した。

翌日、ホテルをチェックアウトして近場の観光名所に行ったとき、

「申し訳ない、どうしても仕事があるから。この埋め合わせはするから」

と昼食も食べずに帰らされたのだった。

ひきつりながらも、

「お仕事なら仕方がないよね」

と答えて別れたあと、電車の中で考えていた。

この人と会ったあと、いつも同じ感情に襲われる。

なんなんだろう?という混乱や、会ったあとに感じる虚しさは、私がとても覚えのあるものだった。

この感覚、知っている。

彼の虚しさや寂しさを満たすために利用されている感じがあった。

その感覚こそ、私のよく知っているもの、慣れ親しんだもの。

そのときは気がつかなかったけれど、父が私に与えたものだった。

私はそのころ結婚を望んでいて、彼との結婚の可能性を友人夫婦に相談したが、絶対無理と言われた。

「不幸になるだけだと思う」と言われたときに、私はこう思った。

「人生の幸と不幸は同じ量」だといわれる。

ならば私は自分の不幸のペイは払った。

私は幸せになる道だけを選ぶ、と。

この人と先はないなと思いながらも、しばらくずるずると付き合いを続けていたが、あるとき向こうから言いがかりのような不満をぶつけられた。それを機会に、それ以後は連絡が来ても返信せず、こちらからの連絡を全く絶って付き合いは終わった。

私は幸福な関係を望んでいた。でもそんな経験を性的な出来事の中でしたことがないから、何が幸福な関係なのかわからなかった。

そして、無意識に変化を恐れていた。すべて新しいことは予測がつかないからだ。だから、繰り返しろくでもない関係に惹きつけられる。

それは慣れ親しんだものだから。

でも、身体の関係を継続できるようになっても心の関係も継続できるようにならなければ、結局は虚しさを繰り返し味わうだけで幸福な人生を歩めない。

この経験から私はそう学んだ。

「あなたが愛するのにふさわしい人を愛しなさい」

という言葉がある。

自分が惹きつけられる人、どうしようもない人ではなく、愛するにふさわしい人を愛さなければダメなんだ。ふさわしい人を愛したい。そう願うようになっていった。

自分のセクシャリティをつくる

30代前半に自分の性被害を伝えたとき、ある友人が、こう話してくれたことがある。

「誠実でまともな男の人と付き合うようになったら、潤ちゃんの傷も癒されると思うよ」

「好きになったら傷つけたい」という感情を経験していた私は、その言葉を聞いてもとてもそんなイメージは持てなかった。傷ついた自分は、そんな男性が現れたら依存し振り回して傷つけ関係をぐちゃぐちゃにしてしまう。

ならば、そういう自分の傷を癒してから、誠実で安定した男性と出会う必要があると思っていた。

私自身、誠実でまともな男性には全く惹きつけられなかったけど、彼女の言っていたことは、半分正しかった。

自分がどういう性を持って生まれ、どういう性的関係を求めているのか、そういうセクシャリティは自分だけではつくれない。

そう実感するようになったのは夫と出会ってからだ。

夫とは友人を介して出会い、夫から連絡が来て付き合うようになった。男性の選択基準がおかしいとわかっていた私から見ても、彼はまともで安全な男性に見えたが、ほかの人の意見を聞こうと思った。

親友の美智子、前に相談した友人夫婦、そのころから生き方のアドバイスをもらっていた個人的なメンターに「夫と付き合って、結婚しても大丈夫と思うか」と聞いてみることにした。

4人とも口をそろえて、

「とってもいい人で全く何の問題もないと思うよ！」

と太鼓判を押してくれたので、夫と付き合うことにしたのだった。

付き合う中で経験したのは、全く対等な関係で彼が私を尊重してくれたということだった。

とても遠慮がちに私の希望を聞いてくれたり、私の意見に感心して同意してくれたりした。

私が初めて経験した性的な関係は、父との間で起こった一方的で支配的で抵抗できない強制的なものだった。

だから私はずっと、性的関係を持つときは上下関係の下の位置をとってしまったと思う。

対等で水平な関係というのは、初めての経験だった。

夫は優しくて安全で安心で何の心配もないという実感を積み重ね、私たちは結婚した。

両性の合意に基づいた、お互いを対等な関係と認識しての結婚だった。

それでも、結婚後もふとしたはずみに、こんなに優しい夫からでも何か言ったらひどい目に遭わされるのではないかと脅えるときがあった。

生活の中のちょっとした不満や、自分の希望を伝えるときなどだ。

散らかっている荷物を見て、思わず「ちゃんと片づけてよ」と言ったあとで、しまったと背筋が寒くなるような思いを反射的に味わった。

ぞっとするような冷たい言葉を浴びせられるのではないか、心がショックで凍りつくような仕打ちをされるのではないかと恐れたからだ。

それまで男性と暮らしたのは父だけだったから、男性といて安心という経験は私にはなかった。

夫がそういうことをする人ではないとわかっていてもなお、何かされるのではないかと脅えた。

しかし、過去に支配されながらも新しい道を踏み出した私に、夫は全く違う男性像を示してくれた。

「片づけてよ」と私が言ったときは、不承不承従い、「でも潤ちゃんだって、この前片づけていなかったじゃないか」と抵抗する。それは暴力も支配もない対等なコミュニケーションだった。

彼にはまだ、私が父から性暴力を受けていたことは伝えられていなかったけれど、そんな経験を積み重ねる中で、安全感や安心感が私の中に育ち、彼を心の底から信じることができるようになっていった。

生活上のこまごまとしたことを書くのは、セクシャリティとは性行為のことだけではないと伝えたいからだ。

アメリカで10代の性暴力サバイバーとその友人向けに書かれた本、『あなたに伝えたいこと』の中で、心理学者ケヴィン・リーマン博士の『セックスはキッチンで始まる』という本について次のように紹介されている。

「セックスは、愛と献身、誠実さ、思いやり、礼儀、尊敬に関するべきことで、寝室に行くずっと前から生活のなかでセックスはすでに始まっているのです。リーマン博士は、セックスとは、日々の生活のなかで、あらゆる方法でお互いを大事にし合う関係のうえに成り立つものだと考えています。それがなければ、セックスは、本来の中身を伴わないものになってしまいます」（シンシア・L・メイザー、K・E・デバイ『あなたに伝えたいこと』）

私も夫と生活をする中で、そのようなことがだんだんとわかってきた。夫が、言わなくてもちゃんとお皿を洗ってくれたとき、お茶をいれてくれたとき、日々の生活の中で私を助けてくれていると感じられたとき、私は彼をとても愛おしく感じる。彼に対する愛情も高まり、いろいろな場面で愛情を表現し、彼もそれに応えてくれる。

それは性的感情を共につくり、共に感じ、共に分かち合うことだ。

全ては変化するものだから、先のことはわからない。

でも、私が「男は信用ならない獣だ」という偏った認識から、「信頼できる男性もいるし、全ての男性が機会があったら性暴力をするわけではない」という認識に変えられたのは、夫の影響も大きい。

夫が示してくれたこと

彼が私を抱きしめ、賛美してくれるのを聞き、自分の身体が美しいものであることを知ることができた。

彼が優しく髪をなでてくれるので、自分が優しく扱われる存在なのだとわかった。

彼が肌にそっと唇をはわせるとき、かけがえのない貴重な瞬間を分かち合っていることを感じた。

心も身体も解放されて、お互いに求め合い、愛し合う。

セックスは一方的で強制的で暴力的なモノではなく、共に相手のために最善を願う営みなのだと感じられるようになったのは、夫がいてくれたからだと思う。

今、私はセックスを次のように感じている。

よいもの
安心できるもの
気持ちいいもの
楽しいもの
喜びに満ちたもの
お互いにいつでも「やめて」「今日はここまで」と言えるもの
安全なもの
大切な贈り物のようなもの
お互いの同意があるもの
相手と共にするもの
自分と相手が「したい」からするもの
自分がしてほしいことを伝えられるもの
心も身体も満たされる行動
性欲が満たされ安らぎを感じられるもの

そう感じられた初めての夜に、我知らず私は泣いた。それは喜びの涙だった。

「どうしたの？ なんで泣いているの？」と心配されて、ただ「嬉しいの」と答えることしかできないほどに。

一緒に暮らしているといろいろあるし、喧嘩をすることもある。

それでも、彼がせっせとお皿を洗ってくれることは嬉しいし、お互いに与え合うことが愛情だと今は思っている。

こうした認識の変化があって、結婚後半年経ってから、私は父親からの性被害の経験を夫に伝えることになる。

でも私の告白によって、最も深く傷ついた人――それはやっぱり母だった。

性暴力被害者・サバイバーのためのガイド④

性的トラウマって何？

性暴力は性を傷つけます。性的に引きこもってしまったり、性的な行動が活発になったりすることもあります。私が一番困ったことも、性的な行動をコントロールできなくなったことでした。自分を責める気持ちもありましたが、傷ついた自分にはそれがふさわしい在り方のようにも感じていました。

このガイドでは、複雑な性的トラウマと、境界線（バウンダリー）について紹介しています。自分の境界線を大切に、あなたにとっての望ましい性の在り方を見つけてくださることを願っています。

境界線（バウンダリー）を意識する

境界線は目に見えないフェンスのようなもので、私たちを安心して守られている感じにさせるものです。家の周りのフェンスのようなものと考えるとわかりやすいかもしれません。一人ひとりが、子どもであっても個人の境界線を尊重される権利を持っています。

性暴力は究極の境界線の侵害です。境界線が壊されることで自分自身を守れなくなったり、傷つけられたりします。壊された境界線を修復することは性暴力サバイバーにとって重要なテーマになります。

境界線（バウンダリー）が守られている

目には見えないのでわかりにくいかもしれませんが、自分が安全で安心していられる、侵害されていないと感じることが目安になります（「話したくないことは話さなくていいですよ」と言ってもらえる。許可なく身体に触れられない。安全で安心な環境と感じられているか気遣ってもらえる、など）。

この人ならOK、この人はNOと関係性によって伸び縮みすることがあります。越えてはいけない境界線を誤って越えてしまったら、謝りましょう。

境界線（バウンダリー）が壊される

いろいろな人が入ってきたり、自分が大切にしているものを取られたり、自尊心を壊されたりすることです（誘われたときに本心では嫌だと思っていても断れない。長電話を切りたいと思っていても切ることができない。侮辱されるような扱いを受けているのに抵抗できない）。時には自分も相手の境界線がわからなくなり、ほかの人の境界線を侵害してしまうこともあるかもしれません。

境界線を修復するには、まず侵害されたときは嫌だと伝えること、相手が聞いてくれないときは、解決法を知っていそうな人に相談するのが大切です。

性的トラウマからの回復

性被害後は、性的行為への恐怖を感じたり、性的な感覚を覚えたりするのが難しく、性欲を抑制してしまうことがあります。反対に、過剰にセックスをしてしまうなど、性的関係にいろいろな困難を抱えることがあります。性は本来喜ばしいものですが、究極の境界線の侵害を受けた被害者・サバイバーは、そのようなポジティブな要素を感じにくくなるということが起こります。

性的安全・性的健康

同意があり、対等性があり、強制性がない性行為は心身に健康をもたらし、喜びや活力を得られるものでもあります。そのような性的安全や性的健康を得たいと思ったときにはどうすればよいのでしょうか？

性的関係やセックスに注意が向きがちですが、食事や清潔など自分自身の生活や、性的関係以外の人間関係が良くなっていくことも大切です。全体的な生活の質があがることで、全てがバランスよく改善されると考えられるからです。

生活を整える

・栄養バランスのとれた健康的な食事を食べる
・髪の毛や体を清潔な状態に保つ
・眠る（眠れない日が続くときは、医療のサポートを受けましょう。処方薬などで調整することは、心身の安定に役立ちます）

周囲の人との良い関係をつくる

・自分や他人を責めず、周囲の人と良い関係を持つ
・自助グループや治療者などの専門家たちと、良い人間関係の持ち方について練習する

ポジティブで気分が晴れるような活動をする

・歌う、散歩をする、友人とのおしゃべり、絵を描くなど、自分の気持ちが上がるようなことをしてみる

身体が性的に反応することへの罪悪感

性暴力を受けたとき、身体が反応してしまったことで、自分を責める被害者の方の言葉を時々聞きます。身体は刺激されれば自然に反応します。男性の場合、勃起や射精に至ることもあります。だからといって、あなたがその性行為を受け入れていたということにはなりません。

精神科医で社会学者の宮地尚子氏は「被害者は自分の意思を裏切った身体を憎み、実は自分も望んでいたのではないか、共犯ではないかと自分を責め、精神的にひどく追いつめられます」と述べています（『トラウマ』）。

意思に反する行為でも身体が反応することは自然なことです。でも、あなたが同意していなかったのならば、それは性暴力なのです。

第5章　母と私の葛藤

性暴力は身近な人にも大きな影響を与える。被害者との距離が近いほど、その影響は大きい。

家族や身近な人は、性暴力とは何か、被害者がどういう状況にあるのか、そんなことも知らされないまま、性暴力の影響に巻き込まれていく。

なぜ助けてくれなかったの？

母と父は、清廉に生きていくという思想を共有し、母は父を自分の先を行く人として常に尊敬していた。

母は朗らかな明るい性格で、困っている人を放っておけない性質の持ち主だった。不当な行動を見過ごせず、自分がおかしいと思うことは誰に対してもはっきり意見を言っていた。

例えば、女性が男に蹴られながら建物の間に追い込まれそうになっていたときは、「あんた何やってんの。警察呼ぶよ！」と言ってやめさせた。客として訪れた居酒屋で、店長が女性従業員に暴言を吐いたときは「そんな言い方は聞いた客としても不愉快だ。彼女がそんなことを言われる筋合いはない」と抗議した。親戚関係でも、祖母が大事にされないと愚痴をこぼせば、長兄のところに行ってちゃんと自分たちの母親を大切に扱うよう反省を求め、祖母を引き取って一緒に暮らしたこともある。

どうして私は、その母に自分に起こった出来事をちゃんと伝えられなかったのだろうとずっと考えていた。

母は、性被害が起こったということを知れば決して許さない人だということを私は知っていた。そして、全力で私を守ってくれる人だということも。

でも、言えなかった。

エネルギーが切れてしまったということもあるが、子どもなりに考えていたこともある。

彼は彼女の伴侶なのだ。彼女が選び、愛し、人生を共に分かち合ってきた人なのだ。

父が私に性的なことをしているということは理解できなかったけれど、母を傷つけることだと察することはできた。

性的行為は本来ならば父と母の間で行われるものだ。

しかし父は、自分が支配でき言うことを聞かせられる対象として、私を選び使った。

使われた側にとっては、たまったものではない。

そして、こんなふうに私が傷つけられたことを母が知れば、彼女はきっと悲しむとも感じた。

父親から性被害を受けた子どもが、母親に打ち明けられないということはよくある。母親は、学校の先生や子どもの友人の親から聞かされショックを受け、なぜ自分に打ち明けてくれなかったのかと悩むし、子どもに対して怒りを感じてしまうこともある。

だけど、子どもは言えない。母親を傷つけたくないから。家族を壊したくないから。

私も、ちゃんと意識的に考えられたわけではないけれど、そういう思いはあったと思う。

母を傷つけたくない。でも同時に怒りもあった。

どうして気づいてくれなかったのか、どうして助けてくれなかったのか、私を守ってくれなかったのか。

そう考えると堂々巡りになる。

だって、母は知らなかったのだ。知っていたら助けてくれたのだ。知った今、母もこんなにも傷つき苦しんでいる。そして全力で私を支えてくれている。

だけど、だけど、それなら、どうして、こんなことが起こったのか。

答えの出ない問いが自分の中を駆け巡る。

出口を見つけられずに叫んでいる私の中の怒りと苦しみは、針の先ほどの疑念にも、その矛先《ほこさき》を向けていった。

私の中の恐ろしい疑問。

そんなはずはないと頭ではわかっていても、否定しても否定しても蛇の鎌首のように頭を持ち上げてくる暗い疑念。

私は母に、こう聞きたかった。

（本当に知らなかったの？　本当に気づいていなかったの？　知っていて私を見殺しにしたの？）

そんなこと、聞けるはずがなかった。

母の愛も、私たちの関係性も、全てを破壊してしまう問いだった。

そしてもし、そうだと言われたら、私はどうすればいいのか。底知れぬ穴に落ちていく恐怖を前に、立ちすくむ思いだった。

その問いを発するということは、その穴に落ちていくこと。

全てを失う問いだった。

答えのない問いを私は必死に抑えつけた。

母も傷ついていた。

触れれば怒りが噴出してくる。でも母に怒りを向けてはいけないこともわかっている。

答えのない問いにエネルギーを奪われながらも、私はそれを封じ込めていた。

殺しかねない怒り

はっきり覚えている。

32歳ごろのことだった。私は一人でバスに乗っていた。バスは橋を渡り、乗車していた私は左側に川を見ていた。

私が27歳のときに殺されたいと絶望して、さまよい歩いた河原だった。そのとき噴出するような怒りが沸き上がってきたのだ。その怒りは母に向けられていた。

どうして守ってくれなかったのか、どうして助けてくれなかったのか。どうしてこんな目に遭わせたのか。

激しくこみあげてくる殺意。

それは全てをめちゃくちゃにしたいという破壊的な衝動だった。冷静に頭で考えるというものではなく、なにか内部から突き上げてくるような情動だった。

傷つけられた痛み、苦しみ、恐怖、全ての感情が噴出してきて、強すぎる負の感情を感じたくないというはねのけるような気持ちと、そんな気持ちを感じさせられているという理不尽な怒りが母に向かっていった。

人を殺しかねない怒りに、私自身も脅えた。

直接的に何かをすることはなかったが、母が気遣うような言葉をかけてくれるたびに、

（あんたは私を助けられなかったくせに、何をいまさら気にかけるようなことを言ってくるんだ。思いやっているようなふりをして！）

という理不尽な怒りが沸き上がってきては、それを母にぶつけないように家を飛び出ることがしばしば起こるようになっていった。

喫茶店などで気を落ち着けては戻るのだが、その繰り返しに、もう離れるしかないと思った。

東京に出ていくことを決心させた、大きな動機の一つだった。

東京に引っ越しをして、しばらく経ってからの夜、電話をかけてきた母から、

「潤は、お母さんと暮らすのが嫌だったのかな」

と言われた。落胆したかのような声に言葉を失った。

まさか、殺しそうだったからとも言えず、

「そんなことないよ」

と言うのが精いっぱいだった。

電話を切って、私は泣いた。

どうしてこうなってしまうんだろう。

どうして自分にとって一番大切な人、自分を一番大切にしてくれる人から離れな

ければならないんだろう。

どうして愛している人を傷つけるようなことを考えてしまうんだろう。

引っ越しをして離れたことは、正しい行動だったということはわかっていた。

でも、どうして私はこういうふうにしか生きられないんだろう。

これからもずっと……？

暗い穴に落ち込んでしまったような、出口のないトンネルに迷い込んでしまったような、そんな気持ちだった。

被害者の攻撃的な気持ちが、身近な人に向かうことはよくみられる。

「外傷体験を持った人が、加害者に向けるべき怒りを、自分に好意を持つ人（安全な人）に向け変えることを外傷性転移という」（斎藤学『封印された叫び』）

その人は自分のことを想《おも》ってくれていて、やり返したりしないからだ。

被害者が怒りや苦しみを抱えきれず、どうしようもない気持ちのとき、苛立ちは身近な人に向かいやすい。お互いに想い合っているはずなのに、うまくいかない。

でも、自分の中で我慢しようとすると、今度は自分への攻撃として向かうことが多い。リストカットなどの自傷行為、飲酒や薬物への依存、危険な行動、抑鬱……。

トラウマを処理していくことが必要なのだけれど、それにも長い時間が必要だ。その間に身近な人との関係性がどうしようもないほどに壊れ修復できないために、被害者がさらに孤立していくこともある。

私は母を責めたことはなかった。

母はあのことを知っていたら、必ず許さない人だということを知っているから。

母の人間性を信頼しているから。

そして、母だって、傷つき、苦しんでいることを間近に見てきたから。

私の被害のことを話し合うとき、母は必ず泣く。娘をそんな目に遭わせてしまった苦しみに顔が歪む。

「ごめんね……。ごめんねと言っても取り返せないけれど、本当にごめんね……」

罪悪感に打ちひしがれる母に「お母さんがしたことじゃないから」「大丈夫だから」。

声をかける私の言葉は空しく響く。

本当は全然大丈夫なんかじゃない。でも、そのことを母に伝えても母にもどうしようもできない。

責めたい気持ちはあったけれど、ずっとそれを抑えつけていた。

それでも、心の中から頭をもたげてくる問い。傷ついた心が発する血みどろの怒りの強さに私も圧倒されていた。それが殺意となって、噴出してきたのだろう。母と物理的な距離を取ることで、その問いから逃れ続けてきたのだ。

身近な人も被害者

私の被害は、母にも大きな影響を与えた。

そのときのことを母は次のように語っている。

関西に引っ越してきてからの1年半くらいは無力感・虚無感がいっぱいで、涙しか出てきませんでした。そのときのことを娘には鬱っぽかったと言われています。

川を見ても、空を見ても涙があふれてきました。

私は何をしてきたんだろう……どう生きてきたんだろう……一番大切な娘を守れなかった……。

そんな思いでいっぱいでした。

自分でも受け止められない大きな出来事でしたが、誰にも相談できませんでした。

私が娘の被害を口にすることで、自分が責められるだけでなく、娘がより傷つくことを恐れていました。

そんな中、実の姉に話したときのことです。

「あんた、何しとったん！」

そう言われました。

胸にグサーッと刃が刺さったようでした。娘を守ることができなかった無力な母。そのような烙印《らくいん》を押されたような気持ちでした。

わかってくれる立場の人からもわかってもらえなかったことは、あぁ、誰にもわかってもらえないんだという絶望を深くしました。

そんなとき、九州で子どもを3人育てているシングルマザーの友人から、長男が事故で死んだという知らせが入り、九州に駆けつけました。長男は19歳でした。友人が息子の名前を言って「Y君、死なせてしまった」と、ポツリという感じで言ったのです。

重い、重い言葉でした。

女手一つで3人の子どもを慈しんで育ててきたであろうに、このようなことになってしまった。

今にも崩れ落ちそうな自分を必死で支えている友の、母としての悔やみ、つらさ、苦悩が自分のことのように伝わってきました。滞在できる短い時間の中で、できる限り友を慰め、「自分を大切にしてね、そして周りの人に大切にされてね」と祈りながら帰路につきました。

彼女の現実と私の現実。起こったことは違うけれど、失ってしまったつらさが重なる思いでした。

そんな出会いがあって、つらいのは私だけではないと自分の苦しみから少しずつ抜け出すことができるようになってきたように思います。

私が少しずつ落ち着きを取り戻したころ、今度は娘の心が荒れ始めました。私に当たるとかいうことではなかったのですが……。

「帰りは何時になるの」

「遅くなるようだったら迎えに行くよ」

「今日は傘を持っていったほうがイイよ」

何気ない言葉でも、何か構われるようなことを言われると苛立つようでした。

娘も怒りの持って行き場がないのだと思いました。

荒れているときは、ただただオロオロ、どうしてやればいいのか本当にうろたえていました。

気持ちを汲《く》んでやっているつもりでも本人を余計に苛立たせる。

とにかく、余計なことを言わないようにしようと思っていました。

そんなとき、娘に「お母さんはそんな目に遭っていないからわからない‼」と言われました。ガーンと頭を叩かれたようでした。

（そうか、私はわかっていないんや）

それからです。私もわかりたい、わかってやりたい、わからなくてはいけない。ただただわかりたい。そんな思いが突き上がってきました。

何をどうわかっていくのかもわからなく、そのころは専門家の助けを得る方法も、そしてどのようにしたら必要な情報が得られるのかもわからないまま手探りで本を探しました。

勉強を重ねて、性的虐待は社会の問題だということを学びました。社会問題としての性的虐待は、社会のシステムが女性よりも男性により高い地位や多くの資源を与えていることの結果なのだというのです。

また、日本社会の中で性的虐待がいかに軽んじられているかを知りました。例えば子どもへの性的被害に「いたずら」という言葉が使われている現実があります。

「社会全体で、子どもへの虐待を見つけ出し、やめさせようという努力がなされないのなら、それは加害者を暗黙のうちに許容したのと同じことです」（キャロライン・M・バイヤリー『子どもが性被害をうけたとき』）

という言葉に、ハッと気づかされる思いがしました。

私だって、話せるものなら話したかった……。

でも言っても、誰にもわかってもらえないだろう。それどころか、非難され、奇異な目で見られるだろう。そう思っていました。

特に近親者からの性的虐待は、どこにも言っていくところがありません。でもそれは、社会に相談するところがなかったからなのです。

もし、社会がこの性的虐待という大きな問題を知り、それを解決するために支援しようと働きかけてくれていたら、私は娘が傷つき苦しんでいることへの助けを求め、自分がどうすればいいか聞きに行くことができたでしょう。

でもそういう試みはなく、被害者は支援を受けられず、加害者には何の処罰もない。本当に悔しく、苦しい思いでした。

今は、この社会制度・社会通念を変えたい、変えていかなければならないと強く思っています。

本を読みだし、娘とも私たちに起こったことを少しずつですが話す機会も増えました。こういう時間を持つまでに10年近くかかっています。

その間、私はヘルパーの資格を取り、少しずつ仕事をしだしました。それとどんなことがあっても生活はキチンとしよう。今の私が娘を支えることができるのは、美味しい食事、美味しいお弁当を作り、そして一緒に食事をし、布団を干してあったかい寝床を用意する。そういう基本的な生活で安心安全を得てもらおうと思っていました。

娘はアルバイトをし、看護学校、保健師学校で学び、卒業後は看護師をしながら東京にも勉強に行ったりしていました。そのころから将来への漠然とした方向性は持っていたようです。

普通の看護師ではなく、傷ついている人たちのことがわかる人になりたいと海外の看護師制度のことなどを熱く語っていました。

私が少しずつ勉強することで、娘との性被害に向き合う会話も増え、娘はもっと専門的に学びたいと東京に行きました。

もう一つ、私が大きく変化できるきっかけになったのは、よく家に遊びに来ていた娘の親友の美智子の一言でした。

彼女が家に遊びに来て、三人で楽しく語り合っていたとき、娘が突然怒ったようにに自分の被害のことを話したのです。その前に話されていた話題とは全く違う唐突な話し方でしたが、彼女は驚くことなく娘の話を聴いて、娘に共感をしてくれました。

その後、私の手を優しく握りしめてくれて、

「お母さんも大変だったね！」

と言ってくれました。

柔らかな温かい手でした。

そのとき、胸の中に封じ込めていた、のたうち回って抑え込んでも抑え込めないほどの憎しみ、怒り、悲しみ、苦しみの塊が、たったその一言で溶けてしまっ

たのです。

私の家で起こった、実の父親が娘に性的虐待を行うということは、ほかの人には理解されないだろうと、また他者から責められるしかないだろうと、私の立場をわかってくれる人などいないだろうと、そう思っていました。

その私のことを大変だったと思ってくれる人がいた。

傷つきを抱えた一人の人間として、尊重された瞬間でした。

大きな、大きな出会いでした。

子どもが性被害に遭ったとき、母親も二次被害者であり、間接的な被害者なのです。

そのように思えるようになったのは次の文を読んだからでもあります。

「母親には多大な負担が押し寄せるにもかかわらず、そのことへの理解はあまりに不十分です。支援現場でも、母親はいて当たり前で、にもかかわらず、透明人間であるかのように無視されることもしばしばあります。母親は自己犠牲をするのが当然だとみなされ、傷つきを抱えた一人の人間として扱われることはめったにありません。けれども自己犠牲で問題がよくなることは、実際にはほとんどありません」(キャロライン・M・バイヤリー『子どもが性被害をうけたとき』)

本当にその通りだと思いました。自分さえ我慢していればと抱え込んでしまっては問題の本質が見えなくなってしまいます。自分を責める気持ちはあっても、他者から責められても、それだけに埋もれるわけにはいかないのです。母親としての役割を果たすために、自分も被害者だと認め、自分の傷つきを癒していく必要があります。性暴力の影響を解決することは一つの家族でできるわけでもないし、多くの支援が必要なのです。

傷ついている私以外の母親を想わないではいられませんでした。自分の経験を通して傷を分かち合うことは、お互いの気持ちをわかり合えるということ。そんな会が、自助グループがあったらいいねと娘と話していました。

それから長い時間が経った2014年1月、母は子どもが性被害に遭った母親たちのための自助グループ「ひまわりの会」を始めた。

私は、ずっと母親たちの自助グループがどうしても必要だと思っていた。友人のカウンセラーに声をかけて賛同してもらい、母にも「やろう」と声をかけ、母も応じてくれた。

1カ月に1回の自助グループに、子どもが性被害に遭ったお母さんが1人、2人と参加してくれるようになった。彼女たちは、想像を絶する悪夢の中、子どもを守り、出来事の一つずつに向き合い、困難な境遇と闘っていた。今あることを話してくれるそんなお母さんと共に過ごす時間に、母はいつも勇気と感動をもらっていると話している。

母親が元気になることが、結局は子どもが元気になることにつながる。

でも、実際に母子でわかり合い許し合うためには長い時間がかかる。

母の答え

発せられた問いは必ず答えを見つけるという。

私への答えは、9年後に返された。

きっかけは「ひまわりの会」だった。立ち上げてしばらくの間は、母とカウンセラーが中心になって運営していた。しかし1年を過ぎたころ、カウンセラーの都合がつかなくなったので、母親たちの中から運営に参加してくれる人の協力を得て、当事者中心で運営することになった。

だが、半年くらい経ったころから、いろいろな問題が出てきた。

子どもが性被害に遭うことは、大きな混乱や傷つきをもたらす。参加してくれる母親や彼女たちから聞く子どもの状況には、専門的な援助が必要だと思われるものも多かった。

それは、精神的な援助だけではなく、警察や検察、裁判所との司法手続き上の関わりや、それによる傷つきも含めてのものだった。それ以外に、母と被害児やそのほかの家族とのさまざまな関係もあった。加害者から避難するための引っ越しや、転校、転職等の手続きや金銭上のやりくりなど、母親たちはさまざまな負担を抱えていた。

だが、運営する側も立場は同じなのだ。精神的にも社会的にもいっぱいいっぱいの状況だった。

自助グループなのだから、当事者たちがお互いに自分の気持ちを伝え合い、分かち合う時間が持てればそれで十分なのだけれど、それだけでは解決できない課題が多すぎた。

母の気持ちも鬱積《うっせき》してきて、会の運営に関するいろいろな混乱や不満を私に電話で伝えてくるようになった。「もう、続けられない」「やめたい」とこぼす母と話しながらも、私の中でもふつふつと怒りがこみあげてくるのを感じた。

私は「ひまわりの会」を続けてほしかった。意義があり、必要なものだという思いはもちろんあったが、もうひとつは、母に傷つきを癒して、私とちゃんと話し合ってほしいという思いがあった。話せば母は耳を傾けてくれると思う。でも、私は母を傷つけることを恐れていた。それに、もし母が傷ついたとしても、「ひまわりの会」があれば支えてくれる。かなり自分勝手だけれど、そんな思いがあった。

押し込めていた問いは、まだ自分の中に居座っていたのだ。


「ひまわりの会」が始まってもうすぐ2年が過ぎようとしていた。「ひまわりの会」について悶々《もんもん》と考えていた私は今こそ話すときだと思い、母に電話をかけた。

息を吸って、切り出す。

「ひまわりの会のことで話があるんだけれど、もともとこういう会を始めたのは、あいつが私に性加害をしたからだよね」

「うん……。そうだね」

「お母さんも傷ついていて、その傷つきを分かち合う場が必要だという話をしたよね。それは本当に大事なことだけれど、私がこの会を始めてほしかったのは、やっぱりお母さんに考えてほしかったからだと思う。どうしてこういうことが起こったのか。お母さんと私で話し合いたかったからだと思う」

「うん」

「私はずっと思っていた。ずっと聞きたかった……。なんで、なんで止めてくれなかったのか、なんであいつがあんなことをするのを許したのか」

話している間に、涙があふれてきた。

母にもつらい質問だったと思う。

言葉が発せられる前から、すでに心は答えを知っていた。

だから、これまでの人生を一緒に支え合って生きてきたのだ。

でも、どうしても言わずには終わらせられなかった。

母は声を詰まらせ、こう言った。

「だって、お母さん、知っていたら止めたよ……」

21年間持ち続けていた問いが、とけた瞬間だった。

「……うん、そうだよね……」

私たちは、一緒に泣いた。

答えのない問いに縛られていた心が、ほどけていくようだった。

お互いに「ありがとう」と言い合い、電話を切った。

私は不思議な充実感に満たされていた。

あぁ、終わったのだと。

やっと解放されたのだと。


怒りは加害者に向けるものだ。

でも、加害者こそ自分をこんな目に遭わせた張本人なのだ。だから加害者には恐ろしくて向けられない。

傷つけられた私の苦しみや怒りや憎しみは、母に向かってしまった。そんな私の感情が見つけた「どうして、止めてくれなかったのか」という問い。

そんな疑問をずっと封じ込め、抑え込んできた。でも、ようやくそれは終わった。

そして私は幼かった自分を抱きしめ、こう伝えることができたのだった。

「よかったね、お母さんはあなたを愛していたよ。あなたは見捨てられた子どもじゃなかったよ。生《い》け贄《にえ》に捧げられた子どもじゃなかったよ。お母さんが知っていたら、あなたを必ずちゃんと守ってくれたよ」と。

この世の全てから見捨てられたように感じていた幼い子どもは、そうして強張って縮こまっていた身体をほどき、抱きつき返してくれたのだった。

自分は、愛されて大切にされるに足る存在だと心から安心しながら。

傷つきの次元

「ひまわりの会」は今、母の手も私の手も離れ、臨床心理士等で構成する専門家のグループ「一般社団法人もふもふネット」が運営を引き受けてくれて続いている。母も毎月1回のお話し会に参加している。

振り返ってみて感じるのは、「ひまわりの会」のような母親たちの自助グループが最初からあって母が参加できていたり、自助グループでなくても、セラピーなどを受けたりすることで彼女の傷つきがケアされていれば……ということだ。そうすれば、私はもっと早く自分の疑念を母と分かち合うことができていたと思う。

傷ついている母に、私は自分の思いをぶつけることはできなかった。

母と、子どもである私の傷つきの次元はそれぞれ違っていたからだ。

自分が選んだ伴侶が加害をしたという母の苦しみや虚無感を、私は想像できても本当には理解できない。同じように、私のトラウマ症状の感覚を母が理解することは難しかった。

だからこそ、同じ立場の人と気持ちを分かち合うことが大切なのだと思う。被害者は被害者の、子どもは子どもの、母親は母親のグループが必要だということだ。もちろん加害親ではない父親や、そのほかの家族やパートナーなどの身近な人にも必要だと思う。

大事なことは、加害をしていない人が責められず、支えられることだ。身近な人が支えられることで、被害者も支えられる。そういう支援ができてこそ、大きく複雑な性暴力の影響を一緒に乗り越えていくことができると私は思う。

心の再会

2016年の夏。川沿いを走る電車に乗って私と母は関西のある都市に向かっていた。15年前に殺されたくて、さまよい歩いていた河原につながる川だった。前の晩に母にはこの本の原稿を読んでもらっていた。

青々とした水がとうとうと流れるのを横目で見ていた私の手を、不意に母が握った。

「私たち普通の母子になれたかな？」

母の眼は心なしか潤んでいるように見える。

その瞬間、私はわかった。母に接するたびに感じていた苛立ちは、決して私たちの関係から生じるものではなかったということを。

性暴力を思い出させるものをトリガーという。トリガーになることがある。トリガーは生活全般に及んでいて、加害者に似た人や性被害のニュースまでトリガーになることがある。

私にとって、母はトリガーだった。

母に接するたびに、自分が性被害を受けたときの感覚が思い出されて、イライラしたり落ち着かなくなったり、不快感を感じたりしていたのはそのせいだったのだ。私と母の相性が悪いのかと悩んだこともあったけれど、そうではなかった。

私と母の間には、父がした性暴力が大きく横たわっていた。

それはブロックで築かれた高く厚い壁のようなものだった。そのブロックを、母は母の側から、私は私の側から、一つひとつ少しずつ取り除き、壁を取り払ってきたのだった。それには長い時間がかかった。

21年前は黒々としていた母の髪は、白髪が交じっていた。顔にも深い皺《しわ》が刻まれている。

庭仕事でよく焼けた、しみの浮き出てきた手。

その手に同じ年を重ねてきた私の手を置いた。

「お母さん、私たちはとっても特別な母子になったんだよ」

母は私の眼を見てにっこり笑う。

「うん、本当にそうだね」

泣き笑う私たちを乗せた電車は、大きな川の横を軽快に走り抜けていった。

性暴力被害者・サバイバーのためのガイド⑤

なぜ理解されにくい？ 身近な人の苦しみと必要な支援

性暴力の影響は、被害者個人を超えて家族や身近な人、地域社会にも広がり打撃を与えます。それほど性暴力の影響は大きいのです。

被害者であるあなたは、自分の経験を身近な人に打ち明けたとき、自分がしてほしかった対応をされなかったかもしれません。どうしてわかってもらえなかったのでしょうか？

よくある対応の間違いを通して考えていきましょう。

このガイドは、被害者の周辺にいる人にもきっと役立つはずです。

性被害のよくある対応ミス

・否認……まさか、そんなことが身近で起こるわけがない
「あの人に限って」「まだ子どもだから大丈夫」

・容認……その程度で目くじらを立てるなんて大げさだ
「ちょっとした行き違いだった」「もういい歳だから」「加害者にも未来がある」
・最小化……でも、まぁ元気そうだし大丈夫だろう
「普通に見える」「男性が怖くなさそうだ」
・回避……本人が話したがらない、話をさせるのも気の毒
「つらい話をさせるのはかわいそうだ」「忘れることが一番いい」
・偏見……自業自得、本人が好きでやっている
「自分のほうから誘ったのだろう」「根っからの男好き」

（もふもふネット専門研修資料）


家族や身近な人にこういう対応をされたらショックを受けますよね。一番わかってほしい人にわかってもらえないということはつらいことです。

ひどい反応をするのはどうしてでしょう？

どうすればいいかを全く何も知らないから、本人がつらい経験をしたことがないから、あるいはその人自身が体験した被害を思い出させたからなどがあげられます。

世間に広まっている誤った思い込みであるレイプ神話を信じ込んでいることもあります。

レイプ神話とは、次のような一般に信じられている誤った態度や考えのことです。

・【神話】挑発的な服装や行動が原因となる
【事実】加害者は「おとなしそうで訴えない」と考える地味な服装の人を狙う

・【神話】レイプの加害者は知らない人がほとんどである
【事実】5～7割の加害者は知り合い

・【神話】レイプのほとんどは衝動的なもの
【事実】多くの加害は計画的。加害者は後をつけたり事前に見つかりにくい場所を探したりしている

・【神話】すぐに通報したり相談するはず
【事実】大多数のレイプは警察に報告されない。報告されるレイプもあるが、報告の有無がレイプの事実を左右するわけではない

家族や身近な人は「間接的被害者」

性暴力は家族や身近な人も傷つけ、ショックや悲しみ、無力感を与え、加害者への怒りを感じさせることもあります。また、加害者が親しい関係の人であれば、裏切られたと傷つき、怒りを感じることもあります。

家族や身近な人も「間接的な被害者」なのです。

だからといって家族や周囲の人が、被害を認めず否認したり被害者を責めるなどの否定的な反応をしたりすると、被害者の症状を悪化させる二次被害をもたらすこともあります。

家族や身近な人は次のようなことを理解する必要があります。

・性暴力（トラウマ）を理解する
①性暴力は、性的な遊びや同意のある性行為とは異なります。
②力関係の中で生じるため、被害者は逃げにくい状況にあったのです。

・性暴力（トラウマ）による心身への影響と対処
①心もケガをするので、さまざまな症状が現れるのは自然なことです。
②適切に対応すれば症状を軽減することができます（トラウマ〈心の傷〉は時間が経てばよくなるものではなく、トラウマの処理が必要になります。心に残る深い傷が癒されるプロセスに、時間は関係ないことも理解しましょう）。

（もふもふネット専門研修資料）

家族や身近な人も性暴力によって傷つきます。

さらに、被害者のケアや対応、ほかの家族のケアや生活の世話、司法機関との関わりや調査などにより、日常生活の安定が崩されます。

身近な人にもケアと支援が必要なのです。

そのためには、被害者支援センターや福祉事務所などから生活の援助を受ける必要があるかもしれません。

「ひまわりの会」のように同じ立場にある人たちが集まる自助グループでの分かち合いも重要です。


被害者・サバイバーに言ってはいけないこと

・「まさか、信じられない！」
「あなたは嘘《うそ》つきだ」と言われているように感じることがあります。
・「どうして、あの人があなたにそんなことをしたの？　あなたが何かしたんじゃないの？」
性暴力の責任はあなたにあると言われているように感じられます。
・「もう忘れなよ。先に進まなきゃ」
人は性暴力からすぐに立ち直って、先に進むことなんてできません。
・「あなたの気持ちはわかるよ」
性被害を受けたことがないのなら、本当にはわからないはず。
・「かわいそうに」

同情されることを一番嫌がる人もいます。

・「あなたにそんなことをしたやつは許せない」

被害者は自分を責めています。ほかの人が加害者を責めると、「悪いのは私」と被害者が加害者をかばおうとしたり、怒りをなだめたりしないといけなくなります。加害者が家族だった場合、被害者は自分も責められているように感じることがあります。

・「誤解しているんじゃないの？」

被害者は起こったことを誤解しているんじゃないかと悩んだあげく、あなたに打ち明けています。

被害者・サバイバーに伝えてほしいこと

・「あなたの話を信じるよ」

性被害を打ち明けるのはとても勇気がいること。被害者に伝えるべき最も大切な言葉です。

・「あなたのせいじゃないよ」

被害を受けた人は自分のせいだと思っています。でも被害者には、性暴力の責任は全くありません。

・「あなたは一人じゃない。あなたがおかしいわけじゃない」
性暴力を受けたあと、症状が出るのは当然なことです。被害者は全く正常な人で、変になっているのではありません。

（もふもふネット専門研修資料）

被害者は「こんな被害を受けたのは自分だけ」と思うこともあります。決してそうではなく、性暴力被害の経験がある人はたくさんいること、あなたには多くの仲間とも呼べる人たちがいること、性暴力の責任はどんなときも加害者にあることを伝えましょう。

第6章　加害者の心

私はずっと考え続けてきた。

父のしたことがどうしてここまで私を傷つけ、苦しめ、人生に大きな影響を与えてきたのかということを。

眠れぬ夜、胸をかきむしられるような被害の記憶に苦しみながら、もう実際には会うことのない父に向かって問いかけていた。

どうして私にあんなことをしたの？

私はあなたの娘じゃなかったの？

私は愛される価値のない存在だったの？

あなたは私に何をしたの？

問いかけながらも答えはなく、私は一人探し続けた。

この章では、性暴力加害について私なりに見つけた答えを書こうと思う。

加害について読むのも考えるのもつらいという人もいると思う。無理はしないで読み飛ばしてもらってかまわない。自分の心と身体の反応を大事にしてほしいと思う。

一つ大切なことは、性暴力の責任はどんなときも加害者にあるということだ。人と状況を選び、とがめられないとわかった上で性加害は行われる。自分の目的を達成するために性加害を行うという選択をしたのは加害者なのだ。

性暴力の責任は加害者にある。このことは被害者や身近な人だけでなく、加害者と全ての人が認識する必要がある事実だ。

性的なモノとされた経験

2006年から、私は性暴力被害の影響やトラウマの実態、そのために必要な支援などを学んできた。

性暴力被害の影響は非常に大きく、レイプ被害者の5〜6割がPTSD（心的外傷後ストレス障害）、鬱病、睡眠障害、摂食障害などの精神疾患を高率で発症し、慢性的な頭痛や腹痛などの痛みの訴えが常態化することもある。アメリカの統計では性暴力を受けた人は受けていない人の10倍自死するという。たとえ生き残っても、周囲の人間関係に大きなマイナスの影響を与え、人生が困難なものになってしまう。

そして、学業を続けられなくなったり働けなくなったりした結果、もらえたはずの給与、治療に必要な医療費、支払えたはずだった税金などは、加害者ではなく被害者と社会がその負担を背負っていることも知った。

性暴力の責任は被害者ではなく、加害者にある。

しかし日本では、被害者に責任があるかのような言動がされることがまだまだ多い。

「なぜ、その時間にそこにいたのか」「なぜもっと抵抗しなかったのか」「なぜうまくかわさなかったのか」。

このような認識がはびこる原因の一つは100年以上前に作られた日本の刑法にあるとも学んだ。

明治時代にはトラウマもPTSDの概念もなく、性暴力被害を受けた人がどのような状態に陥るかも全くわかっていなかった。そんな時代の認識を引き継いで、裁判では「抵抗を著しく困難にする程度の暴行脅迫」がなければ強制性交等罪（旧強姦罪）として認められないことが多い。

この認識では、被害者の恐怖やフリーズ（凍りつき）といった状態が考慮されない。抵抗すれば殺されるかもしれないという恐怖で固まってしまったり、ただ終わることを念じて耐えたりした被害者の行動は、「もっと抵抗できたはずなのにしていない」「もっと積極的に助けを求められたはずなのにしていない」と責められてしまう。

命を懸けて必死に抵抗しなければ、強姦罪として認められない。それは、誰のために何を守ろうとしているのだろう。

人をだましたり自分の有利な立場を利用して性暴力をした加害者が責められることなく、自分の命より性を守らなかったことを責められる被害者。

そこには、明治時代には力を持っていた貞操という概念の影響が深く残っている。その家の血統である子どもを産むために父親から夫に譲り渡されるもの。自分が委託されているその貞操を命を懸けて守らなかったからこそ、被害者はその落ち度を厳しく問われることになる。

だから、司法制度は決して性暴力被害者には優しくない。今でこそ警察の聴取も改善したが、少し前には「処女でもないのにおおげさだ」（板谷利加子『御直披《おんちょくひ》』）と警察官から言われた人もいる。

今も、性被害を相談に行っても強制性交等罪（旧強姦罪）となるケースのハードルがあまりにも高いので、「性被害ではない」と言われてしまう人もいる。裁判では加害者弁護士がプライベートを暴き立て、人格を非難するような質問をしてくることもある。そのような質問にも耐えられるか、検察官からそれを上回る厳しさで問い詰められる人もいる。

傍聴席には性犯罪傍聴マニアの男たちが並び、何よりも自分にとっての恐怖の対象、最も会いたくない人物である加害者を前に証言しなければならない（衝立《ついたて》で遮ったり、別室でテレビモニターを通して行うビデオリンク方式での証言が認められる場合もある）。

そのような高いハードルのため、多くの被害者が訴えられず、加害者が裁判にかけられることもなく見逃されている。

だから、毎日痴漢が発生しても有効な対策が取られず、ＤＶやカップル間のデートＤＶの中でのレイプが強姦と認められず、被害者は身近な人から「忘れなさい」「あなたのためにならないから、黙っていなさい」と言われる。そして沈黙することで被害者の症状は余計に悪化し、加害者たちはまた加害を繰り返しているということが見えてきた。

だけど、性暴力被害について学ぶ中でもまだ、性暴力加害とは何か、父が私に何をしたのかはわからなかった。

そんな中、２０１４年の2月ごろに、ある出会いがあった。

私の母が、元受刑者とＨＩＶ陽性者の女性たちが自分たちの体験を演劇として表現するアマチュア劇団に密着したドキュメンタリー『トークバック 沈黙を破る女たち』という映画を見に行き、その二次会で加害者臨床を行っている大阪大学の藤岡淳子教授たちと出会ったのだ。

加害者臨床とは、非行や犯罪などの加害行動を行った人たちに関わる治療教育などを含めた臨床のことだ。

偶然の出会いから藤岡教授が２０１４年から研修会を開催することを知り、大阪で始まったその研修に私も参加することにした。

学ぶ中、藤岡教授の本の言葉に目を奪われた。

「性暴力は、性的欲求によるというよりは、攻撃、支配、優越、男性性の誇示、接触、依存などのさまざまな欲求を、性という手段、行動を通じて自己中心的に充足」させるために被害者を「モノとして」扱うこと（藤岡淳子『性暴力の理解と治療教育』）。

そうか、と思った。

この定義を知って、私は自分が「モノとして扱われたんだ」ということに、とても納得がいった。

私は人間だったし、子どもであっても夢や希望や意思があった。それを全部無視されてモノとして扱われた。

いくら嫌だと思っても、全身を固くして拒否を表明しても、心の中で誰か助けてと叫んでも、お構いなしに続いていく行為。

まるで私など存在しないかのように。

私の体だけが、触られ、揉まれ、開かれ、侵入される。

その行為の中で、踏みしだかれ、捻《ね》じ曲げられ、ぐちゃぐちゃにつぶされた私の意識。

私の希望、私の思い、私の感情を無視され、まるで私の意思など存在しないかのように扱われる中で、私は自分自身を失っていったのだ。

意思を持たない存在なら、それはモノだろう。

でも、私は人間だ。

思いのままに扱われて、自分自身を粉々にされて、どうして相手を憎まずにいられるだろう。

骨の髄までの憎しみを抱いた。それでも、自分自身を粉々にして無力にした相手が恐ろしかった。

解離していて感じられなかったときも、心の傷つきと苦痛、涙と恐怖と憎しみ、殺伐とした怒りと、冷えた心はずっと私の中に横たわっていた。

21歳で別れてから十数年間、私は父にも、父のしたことにも向かい合うことができなかった。

父も被害者だった

父は田舎で育った。

私の祖父にあたる人も外地で教師をしていて、父も外地で生まれた。父が幼いころに実母は亡くなった。祖父は、後妻をもらい外地から引き揚げて、父に弟と妹ができた。

父は、後妻やあとから生まれた弟妹たちからも意地悪をされ、馬鹿にされていたという。お箸の持ち方が悪い。子守を押し付けられて怒られる。できない子と言われ続けていた。

泣きながら何度も祖父が勤めている学校に行ったことがあるけれど、対応してくれなかったとも聞いている。

また、こんな出来事があった。

父が小学生のとき、祖父の家では犬を飼っていた。家族の中で悲しい思いをしていた父は、犬をとても可愛がっていた。

ところがある日、家に帰ったら父親が同僚教師と宴会を開いていた。可愛がっていた犬は殺され犬鍋にされて、食べられてしまっていた。

それはどれほどの衝撃だっただろう。

でも、父はそれを仕方がないことだと言っていた。そうやって父は自分の感情を封じ込めていたのだ。

実母を亡くし、継母にいじめられ、父親は守ってくれず、愛犬を食べられ、家族の中に居場所もない。そんな中で、父はどのように育ってきたのだろう？　窺い知るすべは私にはない。

父は、その家族の下で大学まで卒業し、その後関東に出てきて、母に会ったのだった。

性暴力は「関係性の病」

父は人間性があまり育っていなかったと思う。人を煙《けむ》に巻くのは得意だったが、責任ある行動を果たすことができなかった。お店を閉めるときも、母に全てを押し付けて行方をくらまし、実際に母が店を閉めてしまったあとは、母に泣きつくような手紙を送ってきていた。常に自分のしたいことが優先で、自分が思い通りにできないことは誰かに責任転嫁をする。

お店を閉めたあと母に来た手紙には「あんた（母）は物事がわかっているからそんなことをしないのは知っている。あんたの妹にそそのかされたのだろう」と書いてあった。自分が勝手にどこかに行ってしまったから店の処分をしなければいけなかったことなど理解の範疇《はんちゅう》外のようだった。

否認や嘘をつくこと、答えを知らないふりをすること、ただそうであってほしいと望みさえすれば、何もかもうまくいくと信じ込む超楽観主義、自分の行動の結果を考えないこと。

そういう行動は加害行動をする人たちの特徴としてよく出てくることと説明されている。そのような思考の誤りは「防衛機制」と呼ばれることもある。

ただ「自分に問題があるということを受け入れ、自分には援助が必要であると認め、防衛を乗り越えようとしはじめたなら、好ましい変化が起こってくる」（藤岡淳子『性暴力の理解と治療教育』）というが、残念ながら父にはそのようなチャンスはなかった。

また性加害について勉強した研修では次のように学んだ。

性犯罪は性欲求にのみ基づく行動ではなく、支配やパワーにまつわる問題であること。そして、女性や性に対する価値観の歪みや、他者との関係性における認知の誤りが引き起こす行為であること。

そして「加害者が求めているのは性的欲求の充足ではなく、むしろ優越や支配の感覚、接触の欲求、あるいは尊敬や愛情を得たいという欲求であることさえある」という（同書）。

性暴力は「関係性の病」でもあったのだ。

あなたは私に何をしたの？

性暴力加害について学ぶ中で私は、最初の疑問に対する自分なりの答えを見出していった。

・どうして私にあんなことをしたの？

実の娘に性加害をした人の話を読んだことがある。

娘が生まれたときに「とうとう、自分をありのままに愛し、どんな自分であっても素晴らしいと思ってくれる人を見つけたぞ」（シンシア・L・メイザー、K・E・デバイ『あなたに伝えたいこと』）。こういう加害者は「娘だったら、自分を否定しない、受け入れてくれる」と思うようだ。

そして「性暴力という手段を使う人は、たとえ外から見ると冷酷非道な犯行でも、あるいは『ゆがんでいる』としか言えない感情や思考でも、本人としては自覚するしないにかかわらず、心のどこかに（性暴力の対象が女性である場合）特に女性への甘えと、依存、接触欲求を残して」いるという（藤岡、前掲書）。

この文を読んだとき、不思議と納得する気持ちだった。満たされないものを満たしてほしいという一方的な欲求が、父に重なって見えたからかもしれない。藤岡教授からも「性加害者は、『被害者にすがりつきたい気持ちがある』」と聞いたことがある。

自分を拒否せずに受け入れてくれる娘はその最たるものだろう。

でも、私はただの守られ育まれることを必要とする子どもで、女神でも救世主でもなかった。

父は何を得たのだろう。

自分を否定しない、受け入れてくれる娘。

自分の何かを満たすための一方的な慰め、利用、収奪。

それは一方的な慰めを押し付けられたことにほかならない。

親とは、子どもを子どもとして愛し、守り、世話をし、いつかその子が一人の人間として生活できるように育む人のことをいうと私は思う。

私は、性的な慰みモノだったということ。それがピッタリ納得がいく私の気持ちだ。

・私はあなたの娘ではなかったの？

彼のしたことが私を慰みモノにしたことであった以上、私は彼にとって娘ではなかったのだろう。

彼は、父親にはなれなかった人だった。

私という人間の半分を形作った人だった。しかし私がこの世に生まれるきっかけを作ったことと、父親としての役割を果たすということは別のことなのだろう。

代名詞として父とは呼ぶが、私は彼を父親であるとは認められない。

・私は愛される価値のない存在だったの？

父は愛ということがわからなかった人だと思う。

私たちの家では、父は素晴らしく、何でもよくわかっていて、一番。いや、そんなはずはないと心の一部で思いながらも、私もそれを受け入れていた。そういうことにしなければ関係性を維持して生活していくことができなかった。

その何でもわかっているはずの父が、わけのわからない言いがかりをつけて、何の始末もつけずに出ていったことは私を混乱させた。

引っ越しの準備や店を閉める片づけに追われつつ、なんでこうなったのかと考えながら、帰り道を歩いていたときのことだった。

抜けるような青空を見ながら私は思った。

（あぁ、父は何もできない人だったんだな）

他者を愛するということは、彼にはできなかったのだろう。

だからこの関係性において、自分の役割や責任を認識して果たすことができなかったんだろう。

お互いの最善を望む行動を愛とするならば、父はずっと自分の最善しか望んで行動してこなかった。

何かで心が麻痺してしまい、ずっとその止まった状態のまま、自分をごまかして周囲を取り繕って、体裁のいい言葉で自分を飾って生きてきたのだろう、と私は思った。

性暴力が始まったときに、私は13歳で子どもだった。子どもであるということは、自分より大きな存在である親の世界の中で生きていくということ。親と一緒にいる世界が全てだった。

親が自分を愛し守ってくれるから安心してその世界にいられる。

でも、親の思いのままにされるような経験や、意に反した言動に抵抗できない経験によって、身体を踏みにじられるような苦痛を味わい、そんな状況を変えられないときには、ひたすら自分に問題がある、自分が悪いと考えざるを得ない。

だから私は、自分は愛されるに値しない存在なのかと、自分が悪かったのではないかと思っていた。

でも今は、私に愛される価値がないのではなく、父が人を愛するということがわからない人だったと思っている。

あなたは私に何をしたの？

死にたい気持ち、解離、麻痺、怒り、大切なものを失った気持ち、いろいろな気持ちがあるけれど、私は今、性被害の中核をなすものは無力化だと考えている。

被害を受けたということは、圧倒的な加害者の力により、自分の意思や感情など全く関係なく思い通りに扱われてしまったということだ。

まるで自分など存在しないかのように。

空から降ってきた爆弾によって大地が粉々にされたような経験。爆弾を落とした飛行機がはるか彼方に飛び去っても引き裂かれた大地の傷が癒えないように、加害者の影響はそこにとどまる。まるで『指輪物語』のサウロンの目のように、天上から闇を切り裂いて自分を監視する加害者の視線を常に感じつづける。

屈服させられた経験はそれほど大きい。

そして苦しんで逃げ惑う心には、怒りや憎しみもわいてくる。

なぜ、私が？

なぜ、こんな目に？

性暴力加害を理解する

その怒りが、関係のない他者に向かうこともある。

私も荒れた性行動をしていたとき、こう思っていた。

（どうせ、女だったら誰でもいいんでしょう）

（こんなことのために必死になるバカたち）

（男なんかみんな死ね）

セックスせずにはいられないときも、性欲求のみではなく、相手を軽蔑したい、棒でしかないバカ男たちを蔑みたいという欲求のほうが大きかった。

こういう怒りと絶望と恐怖で真っ黒になる気持ちは、加害をする人の気持ちと似ているのかなと考えることもある。

蔑むことによって自分を保つ。もし、それもできなければ私になど何の価値があるのか。被害を受けボロボロになったことで哀れみの対象になり、利用され傷つけられるくらいなら、少しでも相手より優位に立ち、相手を蔑むほうがマシだった。少なくとも、自分の最も痛い部分である被害のことで傷つけられなくて済む。

性加害者の中には、子ども時代に虐待を受けていた人が少なくないという。身体的虐待を受けていた人もいるし、精神的、性的虐待を受けていた人もいるし、ありとあらゆる虐待を受けていた加害者もいる。

そういうことも知り、性暴力加害について学んだことは、父のしたことを理解する手助けになった。

性加害者にもいろいろなタイプがあり、父は決して暴力性が高い人ではなかった。また母は安定した人格だったので、父が私の体を触ることはおろか、それ以上のことをすれば絶対に許さないだろうということも父はわかっていたと思う。『父—娘 近親姦』には「子どもを保護する人としての母親の力の重要性が明らかになってくる」と書かれている(ジュディス・L・ハーマン『父—娘 近親姦』)。父は母の能力を頼りにするしかなかったし、父が母を軽んじるような言動をしても、ある程度以上になると母はそれを許さなかった。また、人との関係性を築き社会的な役割をこなしていけるのも母のほうだった。

こうした状況が、私をそれ以上の虐待から守ったのではないだろうか。

刑務所内で治療教育を受けた出所者たちと実際に対話する機会も私に大きな影響を与えた。出所者たちは性犯罪者ではなかったが、生身の人間としての彼らに接し、その傷つきや喪失、苦しみを聞く中で、加害者を一方的に憎む私の感度は徐々に下がっていったと思う。

それまでは、性加害をした男などみな男根を切り取って(地球にいると怖いから)宇宙のどこかの星に打ち上げてしまえと真剣に思っていた。

でも、この社会には女性の性加害者もいる。そして、人間の性は男と女だけではない。そんな一方的で極端な認識ではダメだろうと徐々に感じるようになってきた。

宇宙に打ち上げるシステムは当然ないし、性犯罪加害者が有罪となり刑務所に行ったとしてもいずれ彼らは社会に帰ってくる。そのとき、再び性加害行動をしない人間になってくれることが大事だと、今は思っている。

出口の見えないトンネル

父と別れて20年が過ぎたころ、父が死んでいたことがわかった。父が死んだことを知っても、まるで麻痺でもしたかのように何も感じなかった。

また父の死によって全てが終わったとも思えなかった。

2015年の秋のことだった。

心臓を鷲《わし》づかみにされたような恐怖と共に、夜中にはね起きた。

一瞬、どこにいるのか、混乱する。

自分の家にいると認識するのに、しばらく時間がかかった。

心臓が早鐘のように打っている。

久しく遠ざかっていた、夢の中でのフラッシュバックに襲われたのだ。

普通の夢は情報を整理するために見ると言われるけれど、夢の中のフラッシュバックは感覚の再現だ。

記憶が解凍されて、生々しく鮮明に、まるでビデオで再現されているかのように、しかもにおいや触覚などの感覚付きで、トラウマの場面を一気に最初から最後まで再体験することになる。

悪夢の内容は覚えていないけれど、今まさに身体を触られていたかのような生々しい感触に、私は激しいショックを受けた。夢は今も、私を傷つける力を持っていた。

父は、もう、この世にいないのだ。

父が死んだとわかっていてもなお、フラッシュバックに襲われるのか。

私は打ちのめされた。

それはもう実際の父の姿でもない、恐怖の神としての私の中に刻印された性暴力加害者だ。

頬を静かに涙が伝う。加害者はもうこの世にいない。それなのに、これから先も、
こんな夢を見るのかと思うと怖かった。
闇の中で、私は泣き、それでも涙をぬぐって机に向かった。
明かりをつけて、日記を取り出す。息を吐く。
心に浮かぶ思いをそのまま書きつらねた。

私たちの道は容易《たやす》くはない。
短くもない。
何も見えない闇の中を、一歩ずつ、
前に進んでいくようなものだ。
何度も打ち倒されては
泥にまみれる。
果てしない暗がりの中を
出口の見えないトンネルを
這《は》いずり回り
打ちのめされ

一片の光も見えない。
それでも、
何度打ちのめされても、
何度でも這い上がる。
その先に見える頂《いただき》は
私たちにしかたどり着けない魂の頂なのだ。
書きながらも、涙があふれる。
その涙をぬぐい、日記を閉じて、私は安らかな寝息を立てている夫の横に滑り込んだ。しっかりした夫の身体にかじりつくようにして、抱きつく。
彼は安全で、今の私は被害に遭っていない。
そう自分に言い聞かせながら、再び眠りに落ちる――。

「あなた」はもういらない

「お父さんは自己愛性人格障害だったんじゃないの？」

セラピストから言われたその一言は、私の心の部屋でとっちらかっていた父との記憶を驚くほど自然に収めてくれた。まるで魔法の杖がふるわれたかのように、散らばっていた記憶の欠片が空を飛んでスーッと引き出しにしまわれたような感じだった。

自己愛性人格障害とは、ありのままの自分を愛することができず、自分は優れていて素晴らしく特別で偉大な存在でなければならないと思い込み、等身大の自分が存在しないパーソナリティ障害であるという。

父はずっと、自分だけが物事がわかっている素晴らしい人間なのだと主張していた。

ハンサムで背も高く細身の父は、愛想よく人に話しかけることもできたが、快活な笑顔の裏で、相手を貶めるような悪口を平気で口にする人だった。

そうか、そうだったんだ。

愛もないのに触ってくる。私を利用して傷つける。自己愛と考えてみると、全てに納得がいく。

その認識を経て初めて、私はこう思えた。

（私の心にあなたはもういらない）

恐怖の神として君臨していた加害者の父が小さくなり、消えていくのがわかった。

残ったのは、私の片親として私の血と肉の元となった人。

それは小さい、ありのままの父の姿だった。

性暴力被害者・サバイバーのためのガイド⑥

なぜあんなことをしたの？ 性暴力加害と向き合う

どうしてあんなことをしたの？　なぜ私だったの？

私が持っている疑問に答えられるのは、加害者だけだと思っていました。

しかし、加害者は答えなんか持っていませんでした。

性暴力加害を学んでわかったことは、

「弱さや未熟さ」が性加害行動の要素になっていたということです。

「（被害者は）嫌がっていなかった」「命を奪ったわけではない」と加害行為を正当化し、
自分の無力感や劣等感を晴らすために性暴力を行っています。

性暴力加害について理解することは、被害者にとって、自分に起こったことは何だった
のかを考えるために役立つことだと私は考えています。

性暴力と向き合う

自分が受けた性暴力加害と向き合うとき、必ず実際の加害者と対面しないといけない

ということではありません。また時には怖いと感じたり、できないと思ったりするかもしれません。無理をする必要はないのです。私も長い時間が経って自分に力がついて初めて、何が起こったのかということに向き合う決心ができました。それまでの葛藤は、心の整理をして前に進んでいくためには必要だったと思っています。

性暴力加害について知る

世の中には、性加害者について書かれている本などさまざまな情報があります。こうした情報を通して、どうして?という疑問に対する答えを見つけることは、自分自身の心の整理のために役に立ちます。でも、性暴力の責任はいつだって加害者にあり、どんな理由も言い訳にはならないことを忘れないでくださいね。

セラピーの中で向き合う

セラピーのための特別な空間の中で、椅子を加害者に見立てたり、加害者を象徴するものを置いたりして、セラピストと一緒に加害者と向き合うロールプレイをすることができます。その中で、加害者に自分の思いを表現できるかもしれません。

手紙を書く

もしあなたに十分な準備ができたなら、手紙を書くという方法もあります。実際に投函しなくても加害者への手紙の中で自分の気持ちを表すことは大切です。

しかし、実際に投函するときはさまざまなリスクを考える必要があります。

加害者に接触することは危険な場合もあります。家族や周囲からネガティブな反応が返ってくることもあります。あらゆる事態を考え、現実的な対応をする必要があります。決して、一人では進めず専門家の力を借りましょう。自分の心の解決のためには、セラピストと共に進めるのが安全です。

止まっていた時計を動かす

今まで言えなかったことを言い、できなかったことをすることは、止まっていた時計を動かすようなことだと私は思います。

気をつけないといけないのは、加害者が加害行為を認め、謝罪し、償ってくれるのではないかと期待することです。

どんなに正しいことだと思っても、強く願っても、私たちは他人を変えられません。

変えることができるのは自分だけ。

自分の回復のために力を使うことで、自分の時間を前に進めていくこともできます。

第7章

「私」を取り戻す

私を返せ

今もなお、私はある夜のことを思い出す。

30代前半、私は怒っていた。

パートナーとなる夫とはまだ出会っていなくて、性暴力についての勉強を始めたけれども、まだまだ自分自身の整理はついていない時期だった。

看護師寮の狭いワンルームで私は一人、壁を見ていた。

もう嫌だった。とっちらかった性行動。勝手に高まる性欲求に振り回される自分自身。

その日は、自分の立場としては声をかけるべきでない人に声をかけ、誘惑してしまった。相手は断ってくれたのでよかったのだけれど、なんで私はそんなことをしてしまったのか、ものすごく恥を感じたし、死にたいと思った。

しかも、その相手とは今後も顔を合わせるのだ。

本当にもう、こんな自分は嫌だと思った。

飛び降りて、死んでしまいたい。

そのとき住んでいた看護師寮の部屋は6階にあった。

真夜中のベランダから身を乗り出し、6階下の敷地内にある地面を見下ろす。

敷地内の地面はコンクリートで覆われていて、そこに強く叩きつけられれば死ねると思った。

しかし、敷地内のコンクリートの地面には物置のような小屋が置かれていた。

1階のベランダとその物置の間は狭く、人がすれ違えるほどの広さしかなかった。

目指すコンクリートの地面の幅は狭く、もし間違って物置の屋根に当たってしまったら、死ねない可能性を私は知っていた。なにせ10階から落ちても、車の屋根にバウンドして助かった例もあるのだ。

看護師だから、飛び降りをしたけれど足や骨盤を骨折して、死ねずに足が不自由になった人も多く見てきた。

ここから飛び降りても死ねない。

そう考えて部屋に引き返すと同時に、猛烈な怒りが沸き上がってきた。

なんで私が、なんで、私が、こんな目に遭わないといけないのか。

これは、私がしたくてしていることじゃない。

だいたい私は本来、誰彼かまわず寝る人間じゃない。性行動ももう嫌だ。父がしたこと、傷がさせていることだと思った。

拳を握りしめて立ち尽くす。熱い涙があとからあとからあふれてくる。私を返せ、私の人を信じる気持ち、無邪気さ、病んでいない心、健康な身体、人を愛する気持ち、世界が美しいと思える気持ち、季節を感じる気持ち、生きていてよかったなと思える気持ち、私の時間、私の生命……。

私を、私を、私を返せ。

私はこんな目に遭う人間じゃない。もう嫌だ、もうこんなことには耐えられない。もうこんなことはまっぴらごめんだ。

こんなふうに私は、ずっと父に対して、私を返せと思っていた。勝手に凍りつかず、したくもない性行動への欲求などわかない、自分でコントロールできる健全な身体、男に対して一方的な恐怖や憎しみを抱かない健康な心、私を元のように戻してほしかった。

父こそが私から全てを奪った人だった。私の健全さ、人を信じる気持ち、世界は安全だと思えること、私の命の根源となる愛や希望や夢、その全てを。

なぜ、私はこれほどまでに父に懇願し続けていたのだろう。

トラウマとなる状況下で、被害者と加害者に特殊な結びつきが発生することがある。それをトラウマティック・ボンディングという。

日本語では、外傷性の絆と呼ばれることもある。自分に暴力をふるう加害者が、暴力を止めたときに救世主のように見えることがある。また、暴力をスタートすることもストップすることもできる加害者が、そのように振る舞うこともある。

被害者は、そういう加害者をおだてたり協力したりすることで、暴力を避けようとすることもある。常に加害者を見てその言動に気を配り、加害者が満足したり不機嫌になったりしないように行動する中で、自分自身の欲求は失われていく。

性暴力が起こった現場には、私と父しかいなかった。

二人しかいない世界で私ができたことは、懇願することだけだった。

もう許して、もうやめて、もうひどいことをしないで。

絶対的な加害者にお願いする以外、何ができるだろう。

麻痺し、屈服し、それでも、心の中で嘆願していた。

父と離れた21歳以降も、心の奥底では訴え続けていたと思う。

私を返して、元に戻して、私はこんなにバラバラなの、あなたのしたことを元通りに治して。

でも、そんなことは決して起こらない。

私の願いは、父にしがみついているのと同じことだった。

激しい怒りが私にそのことを見せてくれた。

そして、こう思ったのだ。

お前なんかもういらない。

お前に傷つけられた私ももういらない。こんな自分は嫌だ。

もうやめる。


天を仰ぐ。

目に映るのは寮の天井だったけれど、そのとき私は父に向けて呼びかけていた。

(あなたは私を痛めつけた。私は苦しんで、今も苦しみ続けている。でも私はこんな日に遭う人間じゃない。これは私の罪と恥じゃない。あなたのものだ。あなたの罪と恥をあなたに返し、私は自分の人生を生きていきます)

それは内的な宣言だった。

傷つきごと自分を捨てると決意し、その決意が新しい人生を連れてきてくれた。

これが私の回復の始まりだった。

回復を選択する

第4章で語った性的行為を繰り返すような性的トラウマの再現は、一歩一歩安全を確認する行為だとはいえ、性的被害を再現することと同じだった。

暴力を受けた人が、その人生において繰り返し暴力被害を受けてしまうことはよく聞かれる。

過去に児童虐待を受けていた人が、ＤＶ被害を受ける。

性的虐待を受けた子どもが、成長してレイプ被害を受ける。

どうして、繰り返し同じような被害に遭うのだろうか。

なぜ、きっぱりと暴力を受けるような環境を拒否し、新しい人生を歩もうとしないのだろうか。

専門家が勧める回復の道を歩まず、厄介ごとやトラブルに巻き込まれていくのはなぜだろう。

私はこう思う。

もうこんなことには我慢できない。耐えられないと立ち上がって宣言することは、心の中の加害者に刃向かう危険な行為だ。自分を屈服させ無力にし、思い通りにした相手に立ち向かうことなのだから。

だから私の場合も、本当に死を意識するぎりぎりまで追い詰められて初めて、そういう決意ができたのではないかと思う。

被害者は当然のように回復したがっていると思われている。それが自然なまっとうな道なのだと。

そうはいかない、と私は思う。

トラウマになるような性暴力被害を受けて、元通りに戻るということは決してない。

自分自身をズタズタにされることで、心や健全な発達、人生のステージの中で達成できるはずの発達課題と向き合う大切な時期……、たくさんのことを失う。それを受け入れ、新しい自分、新しい人生を築いていくような道のりだからだ。

私が被害から解放されたころに、もし支援者と出会って、

「これから一緒に回復の道を進んでいきましょうね」

と言われたとしたら、

「は？　何のことですか？　私は全く問題ありません」

とシャットアウトしたと思う。

回復のために必要なことはたくさんある。

自分の気持ちや感じたことを伝えても、それを支援者や専門家が理解してくれない可能性。

自分にとって苦痛であることに取り組む可能性。その不安や恐怖を乗り越えてケアに臨むこと。

自分の思いを伝えても、身近な人や周囲の無理解な対応に苦しめられるかもしれない。それでも理解してくれる可能性に賭けて話すこと。

司法の裁きを求めること。さまざまな手続きを学ぶこと。話したくないようなたくさんのことを聞かれること。敗訴し、費やした時間や苦痛の全てが無駄になってしまう可能性を知りながらも訴えること。

たくさんの恐怖や不安や苦痛や理解できないことの多くに立ち向かい、一つひとつ学びながら前に進むこと。

その過程は、気が遠くなるほど険しい道のりのように感じられる。傷ついているから希望や未来を感じられないし、どうせ無駄だ、今よりよくなることなんかないと思っている。それに変化のほうが怖い。そのため、回復への道は果てしなく遠く感じられる。

「回復を目指すのなら、被害者のままでいるほうがましだ」と思ったり、「お願いだから私を元のように、被害に遭う前に戻して」と願ったりしたところで全く不思議じゃない。

でも、誰も元に戻してはくれない。

英語の伝承童謡「マザー・グース」の一つ、塀から落ちたハンプティ・ダンプティの歌を思い出す。

「ハンプティ・ダンプティ　へいにすわった
ハンプティ・ダンプティ　ころがりおちた
おうさまのおうまをみんな　あつめても

おうさまのけらいをみんな　あつめても
ハンプティを　もとにはもどせない」（谷川俊太郎訳）

誰も戻せないのだから、自分を切り替えて、立ち上がるしかない。

でも、それには大きな決意、ドラスティックな転換がいると私は思う。

塀から落ちた衝撃に耐えて、受け止めること。

被害に遭ったという事実に、向き合い始めること。

散らばった自分自身の欠片を拾い集めること。

地面にぶちまけられた自分の中身を見つめ、泥にまみれた中から使えるものを選んで、拾い上げること。

壊れても、足りなくても、前に進んでいくこと。

立ち上がり、回復の道を歩むことは、その人にだけなし得る選択だ。

自分の責任でもないのに、この身に起こってしまった大きな損失を引き受けて生きていく。

それは理不尽で、正義も功《いさお》もない、それでも自分自身を取り戻すために必要な道のりだった。

転機

２００５年くらいから、支援者のふりをして子どもや女性への暴力防止研修などに参加し続けてきた。

支援者のふりというのは、研修に参加して「どうして参加したのか」と聞かれるたびに、「救急で働いているときに自殺未遂の患者さんたちとたくさん出会ってきて、彼らが子どものときから虐待を受けていたり、暴力被害を受けてきたことを知ったから」と答えていたからだ。

それは理由の一つではあったけれど、全てではなかった。一番の根幹の理由は自分が性被害を受けたからなのだが、それを人前で言えるような状態ではまだなかった。また、そのころはまだ自分はそんなに大したことをされていないと思いたいという気持ちのほうが強かった。

転機となったのは、性暴力被害経験のあるフォトジャーナリストの大藪順子《おおやぶのぶこ》さんの講演に行ったことだ。私の母が新聞を読んで、大阪で講演があることを教えてくれた。

母はそのように、さりげなく性暴力関連の情報を提示してくれていた。それはとても大事なことで、知ることによって理解や納得が得られるのだけれど、そのころは情報によってより自分の感情が揺さぶられるので、知りたいけれど知りたくない、行きたいけれど行きたくない、そんな状態だった。

だから、教えてもらっても「ふ〜ん」と無関心に振る舞ってスルーしたり、「あっ、そう」と苛立ちを込めて、短くはねのけるような答え方をしたりしたことが多かったと思う。

でもなぜかそのときは、大藪さんの講演を聞きたいと思った。タイミングが合ったのかもしれない。

だけど、性暴力被害経験のある人の話を聞くのは初めてで緊張していたし、自分にどんな反応が出てくるかもわからず、怖かった。

私はピリピリしていたと思う。

「一人で行くから来ないでよね」と母に言って講演に行った。

大藪さんはアメリカの新聞社で働いていたとき、以前近所に住んでいた人からレイプ被害を受けた人だった。

その経験から性暴力被害者の写真を撮るプロジェクト「STAND：性暴力サバイバー達の素顔」を立ち上げ、全米各地で講演活動を行い、アメリカの議会でパネリストとして発言したという経歴もあった。その経緯は著書『STAND』にまとめられている。

研修室は、たくさんの人でいっぱいだった。私は真ん中ぐらいの席に座った。大藪さんが壇上に立ち、話し始める。大藪さんが出会った、たくさんの被害者たちがスライドに映る。

家族から被害を受けた女性、教師から加害をされた女性、神父から加害をされた男性、彼氏やパートナーから襲われた女性たち。モノクロの写真の中で、ある人は誇り高く前を向き、ある人は不安そうな表情をたたえ、ある人は微笑《ほほえ》んで写真に写っていた。

こんなにもたくさんの被害者の顔を見たのは、私にとって初めてのことだった。被害者の手記を読んだことはあったが、顔を出している人はいなかった。

スライドの中の被害者たちはそれぞれの表情を見せながら、まっすぐカメラのほうを向き、その中には、女性もいれば男性もいた。

次々とかわるスライドから、目が離せなかった。

また、大藪さんは、レイプ被害に対応する看護師についても語ってくれた。

「私がレイプ被害を受けたあと、警察官に救急病院に連れていかれました。看護師が証拠採取をしてくれたのですが、事務的な対応でした。本来レイプ検査は、『加害者に舐《な》められた部分を、検査のために綿棒でなぞってもいいですか?』などと聞いて、被害者に許可を得てから行われるべきものです。しかし私が受けた検査は、私の許可なしに行われていきました。

私は同じ晩に、２人の見知らぬ人間から私の最もプライベートな部分を、私の許可なく２回も触られたのです。とてもつらい二次被害ともいえる経験でした。私は泣きながら検査に耐えました」

配慮のない医療的な対応は、被害者を二重に傷つける。その痛みを伝えてくれた大藪さんに、同じ医療従事者として本当に申し訳なく思った。

性暴力被害者への医療には、特別な知識と配慮が必要だ。本来ならば専門の研修を受け、知識と技術を身につけた看護師が行う必要があることだった。

講演後、人に囲まれていた大藪さんには声をかけられず、スタッフの女性に話しかけてみると、東京にある「ＮＰＯ法人女性の安全と健康のための支援教育センター」（以下、支援教育センター）で毎年ＳＡＮＥ（性暴力被害者支援看護職）研修が開催されていることを教えてくれた。

あとからわかったことだが、そのスタッフの人はSANEの講師だった。

話を聞き、その研修を受けてみたいと思った。

「ホームページがあると思うから、見てみてくださいね」

「そうします。ありがとうございます」

お礼を言って振り向くと、参加者が退出して少なくなった会場の後ろのほうに母が立っていた。

「来ないでって言ったのに」

小声で叱り飛ばすように私が言うと、

「ゴメン、でも心配だったから」

うつむいて母は答えた。

私は腹が立って、先に出た。

母は何メートルか離れてついてきた。

大藪さんのお話、たくさんの被害者たちの顔、東京で開催されているという性暴力被害者支援に特化した看護師研修のこと。

いろいろなことで頭も心もいっぱいいっぱいで、電車を乗り継いで家に帰るまで、結局母とは口をきかなかった。

母も話しかけず、黙ってついてきてくれた。

家に帰って、さっそくパソコンを立ち上げる。ホームページはすぐに見つかり、ドキドキしながら申し込みを行った。

返事は2、3日後に来た。SANE研修を立ち上げ、実施した人々と何年にもわたる深い交流を持つようになるとは、このときは予想だにしていなかった。

SANEとは1970年代にアメリカやカナダの看護師たちを中心として始まった医療現場での二次被害（無神経な言動によって被害者をさらに傷つける）を避け、本人の意思に従って告訴などの法的措置に備えて証拠採取し、記録を残すことができる保健師・助産師・看護師のことだ。

1970年代のアメリカの医療現場でも、性暴力被害者が救急外来で長時間待たされたり、レイプ被害者であることをほかの患者にも聞こえるような声で告げられたりするなど、配慮のない対応をされることが多かった。

「性暴力被害を受けて傷ついた人が、これ以上傷つけられることがあってはいけない」と看護師たちが立ち上がり、性暴力被害者に必要な看護ケアのトレーニングを実施したのがSANEの始まりだ。

アメリカの場合、SANEが全ての診察をして証拠採取をし、記録を作成して、法廷での証言もするとのことだった。性暴力被害者診療は特別な配慮を必要とするし、時間も長くかかる。また、裁判で使う記録の作成や、法廷での証言なども必要だ。この分野をSANEが担うことで、多忙な医師は本来の業務に専念でき、訓練された看護師が適切な証拠採取を行うので、犯罪の検挙率・有罪率が上がったという報告がされていた。

なぜ被害者が責められるのだろう

2006年、私はSANE研修に参加するために東京に向かった。32歳だった。暴力被害者支援研修の参加者も合わせて、会場にはたくさんの女性相談員や、社会福祉に関わる支援者たちがいた。

総勢100人くらいだっただろうか。これほど多くの人が、女性や子どもへの暴力防止に関わっていることに驚かされた。

SANE研修が行われている会場には日本全国から30人ほどの看護師たちが来て、研修を運営する看護師たちが出迎えてくれていた。

A4サイズの4センチほどの厚みがあるテキストを開きながら受けた研修は、それまで聞いたこともないものだった。

看護師としての知識や技術はもちろん含まれていたが、支援教育センターを貫く理念に、私は心動かされた。

その理念とは、暴力は絶対に許されないという認識だった。

繰り返し語られていたのは、暴力の被害者には責任がないこと、責任は暴力をふるった加害者にあること、女性や子どもが暴力被害に苦しめられているのは社会問題だということ。これらを講師やスタッフたちが共通認識として持っていた。

講師は、DVや虐待被害の当事者たち、女性相談員などの支援者たち、NPO団体の活動家たち、カウンセラー、看護師、社会福祉士、精神科医、産婦人科医、弁護士、社会学者など多様である。

さまざまな講師がそれぞれの現場から暴力被害者への対応、社会への疑問、必要な支援について語ってくれた。

どの言葉も熱かった。

「加害者が大手をふって歩き、被害者は隠れて暮らしている。こんな状況はおかしい」と語ってくれたDVシェルターを運営している元警察官。

「被害者にとってよい医療は、全ての人にとってよい医療なのです」と話す産婦人科医。

そういうものの見方は、私にとって初めてのことだった。

その当時私の働いていた医療現場では、暴力被害は自然災害のように仕方がないものと考えられていたと思う。

例えばDV被害の場合、被害者が来れば傷の手当てをするが、DV支援機関などのパンフレットを渡す対応はとられておらず、応急処置が終われば被害者は帰宅する。帰宅しても夫やパートナーが暴力をふるう環境は変わらないので、また暴力を受け傷を負って運び込まれてくる。

何度も繰り返し被害を受ける被害者たちを前にして、医療従事者たちは被害者がおかしいと考えていた。

「この人（被害者）にも問題があるんですよ」

という言葉は今でも聞かれる。

被害者に同情する気持ちを持っている人もいたが、医師や看護師への教育の中で暴力被害者への支援については教えられておらず、対策もなく、現状を変えることはできていなかった。

被害者を責めるような言動、被害者に落ち度があるという認識。こういう認識は医療従事者だけが持っているのではない。彼らも社会の中で暮らしており、一般的な認識として身につけているのだと思う。

例えばその当時、新聞やテレビ、同僚や知人たちとの会話の中で次のような言葉をよく聞いていた。

ＤＶによる殺人事件があったとき「どうして、逃げなかったのか。私だったら絶対逃げる」と言うコメンテーター。

家に侵入されて性暴力被害を受けた人に対して、顔をしかめて「やるほうもやるほうだけれど、もうちょっと用心しないとね」と言う知人。

唯一許されるのは子どもの被害者だけで、それも「親は何をしていたのか」という話になる。

被害者が責められ、加害者が責任を取ることを求められない。

こういう現実を目の当たりにしていて、私はこの日本社会では性暴力は許されているのだと思った。

殺人や重い傷害が残るような性犯罪は、捜査されて捕まることもある。でも、多くのレイプ被害やわいせつ被害は、表沙汰になることも少なく沈黙のうちに沈む。

今でも、性暴力被害者たちから、「黙っていなさい」「誰にも言うな」と親から言われた、友人に話したけれど、被害の話は無視されて、あとから噂《うわさ》になったり笑い話にされたりした、という話をよく聞く。

こんな社会で、私が自分の経験を話すということはあり得ないことだった。時と場合によっては暴力は許されると考えている人たちから、「なぜ嫌だと言わなかったのか」「あなたにも落ち度があったのではないか」「それは本当に起こったことなのか」と否定され追及されることが容易に予想できたからだ。

性暴力被害者が責められる社会で、自分の経験が知られることを私は恐れた。

今でも、裁判にすることを考えなかったのですかと聞かれることがある。司法制度で私はどう扱われたのだろうかと考える。被害を受けていた当時は話すことに耐えられるような状態ではなかった。自分の被害に向き合えるようになったのも30代半ばのことだった。時効はとっくに過ぎ去っていて、証明できるものは自分の言葉だけ。曖昧で断片的な記憶だけだ。

どうすることもできず、私は自分に起こる症状に耐え、一人でトラウマの治療に取り組んできた。被害が終わって20年が経過してなお1回1万円のセラピー代を自分で払い、治療を受け続けている。

そんな中、支援教育センターで初めて真剣にこの問題の解決に向けて取り組んでいる人たちと出会ったのだった。高まる熱気の中で彼女（彼）たちは、暴力は許されない社会問題なのだと高らかに告げ、個人的なことは社会的なことであり、被害者に起こることは自分自身にも起こり得たことと考えていた。

真剣にこの問題の解決に向けて取り組んでいる人たちと出会ったのだった。こうした人たちがいるということが信じがたく、私は深い感動を覚えていた。そのときの、ようやく自分の居場所を見つけたという実感は今も変わっていない。

SANE研修の2日目は都内の産婦人科病院で行われた。実際の診察室を借りてのロールプレイだ。事例は、「母親と喧嘩をして家を飛び出し、ネットで知り合った男性にホテルに連れ込まれてレイプ被害を受けた女子高生へのケア」というものだった。

看護師役となり、診察室で被害者を迎えることになった私は緊張していた。まだまだ私自身も、既存の考えに縛られていたのだろう。こんな状況にもかかわらず、被害を受けた女子高生に対して、どうしてネットで知り合った男性と会うことになったのか、ホテルに連れ込まれる前に嫌だと言わなかったのか、彼女にも責任があるのではないかという思いがぬぐい去れなかった。

でも診察室に女子高生役の人が入ってきたとき、そんな疑念は吹っ飛んでしまった。

どんな状況であれ、性行為を強制されケアを必要としているということに変わりはない。性感染症のリスク、望まない妊娠の可能性、心の傷。彼女が必要としているのは、ケアであり詮索ではない。

心から共感する気持ちがわき上がってきて、気がついたら、これからの診療やケアについて説明し、必要なことを聴いて、

「これから行うことは全てあなたの気持ちを尊重します。やりたくないことはしなくていいので、そのときは教えてくださいね」

と言っている自分がいた。

気持ちが大きく切り替わった瞬間だった。

被害の跡を見抜く

その日の研修には、支援教育センターの理事でもある法医学者の佐藤喜宣《よしのぶ》杏林大学教授（当時）が来ていた。

50代くらいのダンディな教授は、チャーミングに笑いながら私たちにこう語ってくれた。

「看護師の役割はとても重要です。私は自分の勤めている大学で法医看護学講座を立ち上げ、虐待や暴力被害に取り組む看護師を育成しようと思っています」

法医看護学講座についてはまだ大学に申請中とのことで、実際に開講されるのがいつになるのかはわからなかった。

でも、佐藤教授が勤務する大学附属の病院では、虐待防止委員会が立ち上がり、DV被害者や児童虐待の被害児童に対し、委員会で話し合って適切な対応をしているとのことだった。

その病院で働けば情報も得られるだろうと考えた。ちょうど仕事を辞めて、東京に出てこようと考えていた時期と重なっていた。いろいろな偶然から、6月には病院の採用試験を受けて9月から働くことになり、その翌年に法医看護学講座が開講されることになったので、大学院の修士課程入学試験を受けて合格し、2年間佐藤教授の下で学ぶことになった。

法医看護学講座ではさまざまなことを学んだ。医療機関は治療が第一で、その問題の発生に目を向けることは少ない。医師や看護師は傷や疾患の治療については学んでいるが、どうしてその傷ができたのかという成傷機転について教わることはほとんどなかった。

佐藤教授によると児童虐待の致死率は30パーセントだという。これはくも膜下出血の致死率と同じくらい高い水準だ。

例えば、腕を骨折したと連れてこられる子どもがいる。親は階段から落ちたと言う。しかし、本当に階段から落ちたのか、それとも誰かに腕をひねりあげられたことによる骨折なのかを見極めること。それは、その子どもが今後親に殺されてしまうか、それとも適切な支援を受けて生き延びられるのかという予後に大きく関わるのだと教わった。

また、DVや虐待の被害者にみられる新旧混在する打撲痕《こん》（新しい打撲痕と古い打撲痕）は継続的な暴力があることを示し、虐待の発生を強く疑わせることを学んだ。そのような知識をこれまで教わったことはなかった。

どうして、虐待や暴力被害へのアセスメントとケアが、医療に従事する者の標準的な知識として教えられないのだろう。

佐藤教授はこう言う。

「僕がある病院に児童虐待の見分け方について教えに行ったとき、そこの医師から、『いやぁ先生、うちの病院には児童虐待とかはないんですよ』と言われたんですね。でも翌年行ったら『先生。すみません、ありました』と言われた。ちゃんと知識があればわかるんです。でも、知らなければわからない」

見る目がなければ見抜けない。

被害者が訪れる現場で働く医療従事者が暴力を見抜けなくて、誰が彼らを救えるだろう。

サバイバーとの出会い

大学院に入学する前の2007年の夏、私はカナダのバンクーバーで開催された8日間の研修に参加した。

コーディネーターはリンダ・ジンガロさんという人だった。

リンダさんは、性被害経験を持つサバイバーで、カナダのバンクーバーで援助者として、教育者として、カウンセラーとして長年活動し続けている人だった。

サバイバーとは生存者という意味だ。サバイブは性暴力の現場からの生還だけを意味するのではない。人間や社会への強い不信感と恐怖感、トラウマ症状を生き延びるためのアルコールや薬物などへのさまざまな依存、そういった死にたいくらい苦しい状態でも生き続けることを指す。

生き残っていることが、生き続けていることが、勝利であり、サバイブなのだ。

私も、性暴力被害者というより、サバイバーと名乗るほうが力をもらえる気がする。自分は被害者だと感じる人もいるので、言葉の選択は本人に任されている。

リンダさんは父親からの性被害を受けた人だった。そのようなつらく苦しい被害の影響を全く感じさせない、大きく温かな太陽のような人だった。彼女の豊かな感性、全てを包み込むような温かさは私に大きな影響を与えた。

日本より30年は先行しているというカナダの支援状況はとても素晴らしく、暴力の問題に取り組んでいる人たちの認識もあまりに違いすぎて、未来へタイムスリップしたような研修だった。

女性たちが考える医療を提供する女性病院を訪問し、実際に働いているSANEたちにも出会うことができた。SANEたちは、被害者の診療をするときは、問診も検査も一つひとつのことについて説明をして、被害者の同意を得ることを伝えてくれた。

「まず、嫌なことをしなくていいと伝えます。そして検査の意味を説明して、被害者に選択してもらいます。また、毛布を使いますか、使いませんか、といった細かなことに対しても一つひとつ選択を示して同意を得ます」と説明された。

参加者の一人が「なぜ、一つひとつ同意を得るのでしょうか」と質問したとき、SANEはまっすぐこちらを向いて、

「被害者は、本人の同意なく性被害を受けたのです。一つひとつのことに対して被害者の同意を得ることで、被害者は自分に選択する権利があること、したくないこ

とはしなくていいことを思い出してもらうことにつながります」

と答えていた。

それはいかにも当然のことを話しているという口ぶりで、単なる医療的なケアとして実施しているのではなく、暴力によって奪われた人権を一つひとつ取り戻していく過程としてのケアであることを深く認識している姿勢が表れていた。

被害者の権利をとことん尊重するカナダのSANEの姿勢は徹底していて、そのことが当たり前にできているという現実に私は圧倒された。

リンダさんは研修中にたびたび「私たちのところにたどり着いた一人ひとりの人に希望を与えられるか」という問いを発していた。私は今も時折、出会う一人ひとりの人に対して彼女（彼）らが希望を見出せるような応答ができているだろうか、と自戒を込めてこの言葉を思い出すことがある。

被害や支援に関わる研修に参加して、私は食いつくように質問ばかりをしていた。一つひとつのことに心を動かされたし、ある場面では泣いてしまうなど、激しく動揺していた。そんな私を参加者やスタッフは静かに見守ってくれていた。

その3年後に私が初めて人前で自分の被害を語ったとき、一緒にバンクーバーの研修に参加していた人が「あのとき、潤ちゃんに何かがあるんだろうなぁとは思っていた。それが、何かはわからなかったけれど、今日やっとわかったわ」と伝えてくれた。

あのときからずっと見守ってくれ、脆《もろ》かった私を詮索せずにそっと支えてくれていた。いろいろな人に助けてもらい、今の私がいることを感謝と共に思い起こしている。

被害者中心主義という考え方

尊重され支えられながら学びを深められる感覚は、2010年に参加したオレゴンでの研修でも感じた。ここでも、日本の現実より30〜40年ほど進んだ未来にタイムスリップしたような感覚を味わった。

オレゴンの支援者や警察、行政に携わる人は「もう待っているだけの支援ではだめだ」「私たちは暴力の現場に出向いていかなければならない」と異口同音《いくどうおん》に話していた。

オレゴンの警察にはDV課があり、研修を受けた理解のある警察官がDVケースに対応するようになっている。また、通報を受けて駆けつけたとき、避難することを望まない被害者には、その場で被害者に支援センターに電話をしてもらうという取り組みをしていた。離れられない、逃げられないと感じている被害者を支援につなげ、何か起こったときや、本人のタイミングで頼ってもらうようにするためだ。

その後の連携も細やかなものだった。

より質の高いサービスと、加害者への処罰などの法的責任の実現を目指し、民間団体・行政・警察・検察・裁判所の機能が強化され、被害者が援助やサービスを一括して受けるためのワンストップサービスが構築されていた。

一つの施設に、警察と行政の社会福祉課、民間のＮＰＯ団体などの支援者たちが入っていて、それぞれの機能を果たしながら連携した対応を行うことなど、日本ではまず見られない。

被害届を出すために警察に行き、避難のためには福祉課に相談に行き、保護命令をもらうために裁判所に行き、疲れた体を引きずりながら、あちらこちらに出向かなければ支援も受けられないし、相談したところでできないと言われてしまうこともある。

しかし、オレゴンのワンストップセンターでは、裁判所とビデオリンク方式でつながり、加害者やその親族がいる可能性がある裁判所に出向かなくても保護命令が受けられるようなサービスが提供されるとのことだった。

彼らが基本的な考え方として共有していたのは「Victim Centered（被害者中心主義）」ということだった。

被害者の幸福と利益を中心に考えなければならない。自分たちの組織の都合を優先していては、被害者はサービスを利用することができず、暴力が繰り返されてしまう。

このように考えられるようになった背景の一つには、ＤＶ家庭で育つ子どもたちへの支援からの学びがある。

精神科医の宮地尚子氏は、「米国や英国の調査によると、性犯罪加害をした男性はＤＶ家庭で育っていることが多く、本人の性被害の有無はそれほど関係しないことが明らかになっています。性愛関係のある大人の間で暴力や支配が行なわれるのを見続けることで、暴力と愛情の混乱や、親愛（愛着・安心）と性愛や恋愛の混乱、自己と他者との境界の混乱が起きやすくなるためと考えられます」（『トラウマ』）と語っている。

今の被害者を助けることは、将来の加害の発生を防止し、平和で安全な社会をつくることにつながるのだ。

性暴力被害者たちの自助グループに参加したのは、それから2年くらいあとのことだった。

当事者同士の支え合いによって回復を目指す自助グループは、依存症の分野で力を発揮している。性暴力被害のグループも東京にもあるとは知っていたが、開催場所も秘密なことが多く、どんな人たちが参加しているのかもわからず、行くことをずっとためらっていた。

人を介して知り合った性暴力被害当事者から、「このグループならいいと思うよ」と紹介されて行ったグループで、のちに近親姦虐待のピアサポートグループSIAb.（シアブ）を立ち上げたけいこさんと出会った。ピアサポートとは、同じ経験をした仲間同士でお互いがお互いを支え、支えられるというものだ。

けいこさんは実父と実兄からの性暴力被害を受けた人だった。その当時も自助グループを運営し、自分の経験を支援者や専門家に語る活動をしていた。

いつのときだったかは忘れてしまったけれど、当事者仲間たちみんなで話をしていたとき、けいこさんがまっすぐ前を向いて、

「私たちは何も悪いことはしていないのだから、恥ずかしいことは何もない」

と言い切った姿が今でも忘れられない。

それは、闘っている姿だった。

彼女は何を見ていたのだろうか。

加害をしていた父親、その父親の側に立った母親、理解してくれなかった教師、被害がわかったあとも誰も助けてくれなかったこと、なかったことにされたこと。その全てと彼女は真っ正面から向き合い、自分で自分の人生を築いていた。その人が言ったことだから心に響いた。

けいこさんの言葉に私の心が共鳴する。

（そうだ、私たちは何も悪いことはしていない。恥ずかしいことなど何もない）

私も、自分に証明したいと思った。

何も恥ずかしくないということを。

私が隠されている必要はないのだということを。

恥ずべきは加害者なのだということを。

それでも、実際に語るためには大きな勇気と支えを必要とした。

スピークアウト

2008年から、私はバンクーバー研修に参加した日本の支援者や看護師たちで立ち上げた「エセナ5」という団体に参加していた。「エセナ5」は性暴力被害を中心に暴力防止をテーマとして市民対象の連続講座を開催する団体だった。私はその連続講座の中の一つ、医療の講座を担当していた。

性暴力被害者に必要な医療的支援や医療現場の状況を語る中で、心境に一つの変化が起こっていた。

それは自分の経験を伝えたいというものだ。

自己紹介のとき、なぜこの活動をしているかを説明する中で、「看護師だから、多くの被害者に出会ってきたから」と伝えることに、いい加減うんざりしてきていた。

また、いつも講座で自分の被害経験と共に、DV／性暴力の深い知識を語ってくれるNPO法人レジリエンス代表の中島幸子《さちこ》さんの姿にも動かされていた。

私も、本当のことを伝えたい。

思いは日増しに高まってきて、２０１０年に「自分の経験を伝えようと思う」とスタッフに打ち明けた。

被害を受け始めた13歳から23年経った、36歳の秋だった。

少しびっくりされたけれど、スタッフからは「潤ちゃんがしたいならいいと思うよ」と励ましてもらい、講座に備えて原稿を作った。

そのときちょうど母が東京に来ていて、

「潤の大事なときなんだから、私も行きたい」

と言った。

「絶対に来ないで」

と私は断った。

母は打ちひしがれていたが、気を配る余裕は私にはなかった。

原稿を親友にも見てもらい、研修講座当日、いよいよ会場の研修室に向かった。

研修室はたくさんの人でいっぱいだった。

私は震えながら壇上に立った。

挨拶《あいさつ》をし、こう伝える。

「私はこれから自分の被害についてお話しします。しんどいなと思う方は会場を出て休んでいても大丈夫です。自分の心と身体を大切に聞いてください」

しばらくの沈黙。

言うことは全て原稿に書いてあった。

原稿に書いてある言葉、その言葉を言えばいいだけだった。

でも、言葉は喉の奥に押し込まれたようになかなか出てこなかった。

手がわなわなと震える中、ようやく言葉を絞り出した。

「私は父親からの性被害を受けた経験があります」

言えたのはその一言だけ、本当に一言だけしか、言えなかった。

その言葉を言うだけで声は震え、目は泳ぎ、激しく動揺していた。

あのときの悲しく、恐ろしかった経験が思い出される。

でも、私は私の身に起こったことを明らかにすることができた。

スピークアウトするということ。

話し、告発するということ。

それは社会に自分の傷を開くということであり、あの夜に起こった出来事を人々に見せるということなのだ。
たった一言だけだったけれど、私にとっては大きな前進だった。
そのあとは必死に、原稿に書いてある統計や医療的な知識の伝達だけを読んだ。
会場の人はみな耳を傾けてくれ、終わったあとは大きな拍手をしてくれた。

スタッフが見守ってくれたこと、友人たちが駆けつけてくれたこと、参加者が好意的な雰囲気の中で聞いてくれたこと。その後私が語る中で、この初めての公の場での発言は大きな成功体験として刻まれている。

私が「自分のことを話そうと思う」と言ったときに、スタッフはずいぶん心配して配慮してくれた。それなのに、性暴力被害について発言したのが一言だったのには、拍子抜けしたと思う。でも、そのあとのミーティングで「本当に話せたのは素晴らしいと思う」と支持してくれた。

家に帰ると、母が親友と待っていてくれた。終わったことを報告し、母は「無事に終わってよかったね」と喜んでくれた。母にはこの4年後、熊本県で行われた講演会で私の話を聞いてもらうことができた。

動揺せずに話すことが課題として残ったけれど、この講演を皮切りに、それから少しずつ講演に呼ばれるようになり、語れる内容も少しずつ増えていった。

それでも語る理由

スピークアウトしないという選択もあるけれど、私にとって話すことは重要な経験になっていった。

講演に呼ばれると、主催者などからとても申し訳なさそうに、

「本当に言いにくいことを話していただいて……」

と言われることがある。

そう言われるたびに、叫びだしそうになる。

「私は、あなたたちと少しも変わらない！　これは私の傷じゃない！　言いにくい恥ずかしいことを話しに来たわけじゃない」と。

でも、はたと気づく。

その傷ゆえに呼ばれているのではないか。誰も話したがらない、傷ついた恥ずかしい経験を語ることを求められているのではないか。

頭は混乱し、困惑した私は沈黙のうちに曖昧に微笑むことしかできない……。

それでも語り続けるのはなぜだろう。

講演後に次のような質問を受けることもある。

「なぜ、語りにくいご自分の経験を話されているのですか？」

「どうして、話すことにしたのですか？」

そのたびに、

「私の経験を聞いた人が、理解を深めてくれればと思って」

「自分の経験を隠して話すことは、聞いてくれる人に対して誠実ではないと感じたから」

「こういう問題があると知ってほしいから」

と伝えてきた。

どれも間違いではないけれど、少しずつ違っていたと今は思う。

「どうして語っているのか？」と聞かれるたびに、13歳から始まったあの夜に引き戻される。

誰も止めてくれなかったし、誰も助けてくれなかった私の経験。

訴えていないのだから、告発していないのだから、助けてもらえなかったのは当然だと思われるだろう。

でも、私は思っていた。

「こんなことはやめて」「こんなことは間違っている」「こんなことは許されない」と。

子どもで、無知で、訴えていいということも、訴える方法も知らなかった。行為の意味を理解できず、それを伝える言葉もなく、伝えられなかった。

話すことは、私は決してその行為を受け入れていなかったと伝えること、その行為がどのような傷を残すのかを訴えることにつながる。

あのとき言えなかったこと、あのときできなかったことを語る私の行為は、復讐《ふくしゅう》なのだろうか。

それは違う。

被害を訴えられず、加害者が罰を受けず、被害者が一人沈黙の底で苦しんでいる現実。

それは私だけの身に起こったことではない。

父親からの性被害を教師に伝えても、何も対応されず無視された女性。

親から離れて避難した先の児童養護施設で性被害を受けた子どもたち。

勇気を振り絞って訴えたけれど、今の法律では裁判にすることはできないと言われてしまった、たくさんの被害者たち。


日本社会は私に正義を示してはくれなかった。

このどうしようもない現実を携えて私は話す。

どうすることもできなかった13歳の私と共に。

今も声を上げられず苦しんでいる子どもたち、多くの大人たちと共に。

声を上げたけれど、無視された人々と共に。


加害者は社会から出てくるものだ。

誰もみな、生まれたときから性犯罪・性暴力加害者なわけではない。

彼らは、どのようにして同意のない性的言動を行うということを知ったのだろう。

どのようにして歪んだ認知を身につけたのだろう。「レイプされても減るもんじゃない」「『嫌』という言葉は、本当は『して』と言っていることなんだ」「そんなに不用心だったら、ほかのやつらにやられるから俺がやっても構わない」「気をつけていなかった被害者が悪い」「子どもはすぐ忘れるからわからない」——。

それは日本に暮らす人々が言っていることではないのか。

「犬に嚙まれたと思って忘れなさい」

と言われたことは私にもある。

レイプ場面を写真や動画に撮られ、「ばらまかれたくなかったら、これからも言うことを聞け」という加害者の脅しに脅えている被害者もいる。

性被害を知られることが、被害者の不利益になる。加害者はそれを見越して「誰にも言うな」「自分の言うことを聞け」と脅してくる。そんな加害者の脅しが力を持つのは、被害を受けた人に後ろ指をさす社会の存在があるからだ。

このような被害があるということを知り、それが身近に起こることだとわかってほしい。

被害者を責める言葉を言わず、傷つき苦しんでいることを知って、そっと見守ってほしい。

暴力をふるう力があったのは加害者だということを理解し、その責任を追及してほしい。

私の講演を聞いてくれる人々の顔に、そんなことが起こっているのかという驚きや、そんなことは許されないという義憤を私は見ることができる。どうしたらいいのかわからないけれど、何かがなされる必要があるという決意が、聴衆の反応から感じられる。

講演後のアンケートに「性について話すことの難しさを思い知った。今後、性犯罪の被害者から聞き取りをするときに、少しでも話しやすい状況をつくるにはどうすればいいのかをよく考えていきたいと思います」と書いてくれた男性警察官。「被害者の気持ちを少しでも知ることができました。深刻な性暴力の問題に胸がふさがる思いですが、今後の支援に生かしていきたいと思います」と書いてくれた支援者の方。「自分をさらけ出して話してくださったことに感謝を言いたい。素晴らしかった」と講演後に感動を伝えてくれた男性。

その日初めて会った私に、自身が経験した被害について、私の目を見つめながら小声で、あるいは声を振り絞るように告白してくれた女性や男性たち。

人々がそのように応えてくれることで、私は自分の最も話したくないこと、誰にも語ってはいけないと思っていたことを話すことができる。

そして、話す中で私は気づく。

傷ついた自分は、汚れていて恥ずかしく、生きている価値はない。

誰よりもそう思っていたのは自分だったということを。

投影

2012年の春、私は怒り狂っていた。

順調に交際を重ね、結婚した夫と暮らし始めてすぐのことだ。

二人分の荷物が運び込まれた部屋。

共働きの部屋では荷物はなかなか片づかず、段ボールはいつまで経っても山積みだった。

夫は帰りが遅いし、私だけが片づけている。いつまでこんな段ボールの山を見ながら暮らさないといけないのか。

部屋が片づかないことに怒っていたけれど、それにしても怒りが激しすぎた。

怒りの中からこんな思いが突き上がってきた。

(なんで、なんで、なんで私を完璧に幸せにしないのよ！)

何度かの衝突のあと、もう顔も見たくないと宣言。部屋を分けて家庭内別居し、もう離婚すると母親に電話をかけていた。

そのときは全く意識することができなかったが、あの怒りが何だったのか、今ならわかる。

それは失ったものを取り戻そうとする、過大な圧力だ。

私は夫に求めていた。

私を完璧に幸せにすることを。

私の心の満たされない部分を全て埋め、私の全ての負の感情を解消することを。

私が失ったものを取り戻し、償いを果たすこと。それを心理用語で、「投影」と言うことを、あとから知った。

夫は父と同じ性だから、私は父がしたことを夫に償わせ、私の損失を埋め合わせ、私を元通りの状態に戻すことを一方的に求めていたのだ。

結婚式から1カ月後、怒り狂い、感情にまかせて、夫を家から追い出した。

夫は何時間か経って、赤いバラの花束とクロワッサンを持って帰ってきてくれた。

私は逆上した。

バラなんかで機嫌が取れると思っているのか、私の心を何もわかっていないという気持ちだった。

「花なんか、いらないのよ！」

バラの花束を彼に叩きつけ、クロワッサンを床にぶちまけて、鬼神のように怒りながら泣きわめいていた。

バラを叩きつけられた夫は茫然《ぼうぜん》と私を見て、

「花が……かわいそうじゃないか」

とつぶやいた。

それ以来、夫は私にアクセサリーはプレゼントしてくれても花は買ってくれない。

事態を収拾してくれたのは、たまたま引っ越しの手伝いに来てくれた母だった。

「もう、別れる、離婚する」

と言い募る私に対し、

「1カ月で離婚するのは、あまりにもみっともない。せめて半年か、1年待って」

となだめて時間を稼ぎ、夫には、

「潤がこんなに怒っているから、一緒に片づけよう、ね」

と声をかけ、夫も、

「はい、僕も片づけ方を覚えたいです」

と言い、二人でせっせと片づけを始めた。

私は相変わらず怒っていたが、その光景に怒りのレベルは少しずつ下がっていった。


家庭内別居は解消されたが、夫は夫でよくやってくれていると思う気持ちと、絶対に許さないという気持ちが極端に揺れ動いていて、半年経っても私は自分のメンターに歯ぎしりしながら夫のことを訴えていた。

「夫は何もしない、片づけもしないし、料理もしない。なんで私ばかりが家のことをしなけりゃいけないのか」

あれもこれもと言い募る私に、メンターは困り果てたような表情でこう言った。

「でも、旦那さんはできた人ですよ」

(できた人!!　できた人!?　できた人??　できた人？　できた人……)

思ってもみない言葉を投げかけられても、脳はそれなりに働くらしい。

「できた人」

と言われて、夫が一言も他人の悪口を言ったことがないことが見えてきた。私が一方的に言い募っても応酬せず、黙って耐えていたことが思い出されてきた。

その後も、夫に対して瞬発的な怒りがわき上がったときは、

「できた人、できた人、できた人……」

と呪文のように唱えた。

目を吊《つ》り上げて怒るのではなく、

「～してほしい」と、言葉で伝えられるようになった。

そうすれば、彼も応えてくれるのだった。

そんな時間を積み重ねて、自分の傷つけられた怒りや恐怖を投影するのではなく、ありのままの夫を見られるようになった。

私はいったい何を見ていたのだろう。

夫の何を感じていたんだろう。

傷つきは深く、影響は大きい。

償いを夫に求めていたことにも気がついていなかったが、父が与えた損失の埋め

合わせを夫に求めていたことに、やっと最近気づくことができた。

思えば、極端な認識だった。

結婚して、私の夢だった優しくて安全な人と安定的な関係を持てるようになって、やっと幸せになれると思ったのに、なんで幸せにならないの。

そんな怒り。

しかし、彼は私を一方的に幸せにしてくれる代替物ではないのだ。彼は一人の人間で彼自身なのだ。幸せとは一緒につくるものだと、頭だけでなく心から納得できるようになるのにも、長い時間を必要とした。

失ったものを埋め合わせようとする無意識の試み。過剰な期待や夢。それは、私をありのままの関係性から引き離す。

自分にとって本当に大事な人を、私はもう少しで失うところだった。

回復を「らせん階段」として語った本を読んだことがある。私のイメージでは、山をグルグルらせん状に回りながら少しずつ登って山頂に近づいていくようなものだ。時間が必要だし何度も同じ景色を見るような気がする。でも登ってきた道の分、同じ景色を見ているようでも段階は一つ上がっている。

そんな時間をこれまでも過ごしたことがあった。母に「お母さんはそんな目に遭っていないからわからない」と怒りをぶつけたとき、理解してくれない支援者の悪口を被害者仲間と言い募っていたとき、被害者からも怒りや不満をぶつけられて私だって被害者なんだと葛藤しつつ憤慨していたとき。

被害経験があるからといって、正しいわけでも、完璧なわけでも、間違いをおかさないわけでもない。

私は今、どのくらいまで来ているのだろうか。

思わぬところからわいてくる怒りや、突然噴出するどうしようもない気持ちを、関係ない人にぶつけてしまうことはこれからもあるかもしれない。

でも、私も経験を重ね、気づくことができる。

この怒りはどこから来ているものなのか。本当に、目の前のこの人に向けられているものなのか。自分の過去の解消されていない問題から生じているものではないのか。

そうやって客観的に見ることで、感情に巻き込まれず気づくことができる。

客観的に観察することは、傷つけられた経験やトラウマの重力、心の反応パターンに引き戻されることなく、より望ましい人間関係や自分の在り方をつくっていくための大切な習慣になる。

自分を振り返り、関係性を調整し、よりよい在り方を目指していくこと。

主観的に一方的に見るだけではなく、客観的に自分に起こっていることを理解すること。必要なときは専門家の手を借りること。

でこぼこした回復の道を進んでいくために、これからもこれらのことを忘れず、取り組んでいきたいと思う。

夫への告白

結婚する前、父から性被害を受けたことを夫に打ち明けようか打ち明けまいか迷っていた。

そんな重大なことを伝えないで結婚するのは不誠実なのではないかと悩み、でも、今その影響は自分で処理できているし、わざわざ伝える必要もないのではと迷った。

知ったからといって態度を変えるような人ではないと思っていたけれど、それでも、どのような反応を示されるのかわからず、拒否されたらと思うと怖かった。

被害を告白するかしないか。サバイバーにとってそれは大きな選択だ。よい結果になることもあるし、思ってもみない反応が返ってくることもあるかもしれない。

当事者仲間にこの悩みを相談したとき、いろいろな答えがあったけれど、ある人はこう言ってくれた。

「お酒を飲む、飲まないとか、バイクに乗る、乗らないとか、そういう条件で好きになるわけじゃない。性被害を受けたということも一つの経験だから、言う言わないは、自分とその人の関係で決めたらいいんじゃないのかな」

性被害の経験は、私という人間を形成する要素の一つになっている。それがどのくらいの部分を占めているのか自分では見えないけれど、それも含めた私を好きになってくれたのだろうから、わざわざ言わなくてもいいかなとそのときは思えた。

そして言わずに保留して結婚後半年くらい経って、「(夫は)できた人、できた人」と唱えながら過ごしていたころ、ふいに私のことをもっとわかってほしいなと思う気持ちが出てきた。

信頼感が積み重なって、安心できてきたからだと思う。

そして、改まった場ではなく家で一緒にくつろいでいるときに、

「ねぇ、聞いてほしいことがあるんだけれど」

と切り出した。

「ずっと言おうと思って言えていなかったけれど、私が講演をしたり、今の活動をしているのは、性被害を受けた経験があるからなの。

私にそれをしたのは父だった。

言いようもないくらい、それはすごく大変なことだった。

私たちの生活に今はあまり関係ないんだけれど、あなたにはわかってほしいなと思って」

と伝えた。

夫は自然に、

「潤ちゃんはそういう活動をしているから、なんかあるんだろうなと思っていたよ」

と言って、抱きしめてくれた。

「大丈夫だよ」

あぁ、この人はずっとわかってくれていたんだ。そして、受け入れてくれていたんだと思うと、自然に涙が出て、抱きしめられたまま私は泣いた。

彼はそのまま優しく私を抱いていてくれた。

「やさしく愛することによって、私はあなたを自分自身に立ちかえらせてあげたい。愛はそのプロセスとなるでしょう」（レオ・バスカリア『〝自分らしさ〟を愛せますか』）

『星の王子さま』の著者で飛行家のアントワーヌ・ド・サン＝テグジュペリの言葉だ。

信じてくれた母、私の気持ちをわかってくれた親友の美智子、受け入れてくれた夫。身近な人の愛は私を自分自身に立ち返らせてくれた。

私の心は人生の早い時期に殺されてしまった。

でも、愛は、よみがえり生命を吹き込んでくれる。

またたくまに燃え尽きる人生の中で、与えられた一瞬一瞬の生命を、受け取った愛を、今度は私が分け与えていきたい。

つなぎ合わされた心

目の前に、アートセラピーで作った二つのハート形をした紙が置かれている。

一つは真っ二つに裂かれ、半分残った左側は焼け焦げたように、黒ずんでいる。右側は3分の1しか残っていなくて、ほとんどハートの形を成していない。

このハートは、この章の初めの部分で書いた私の心を表している。

こんなにも砕かれダメージを受けていたら、些細な言葉にも傷つき、ずたずたになってしまうだろう。

こんなにも真っ黒に染まっていては、怒りや苦しみや憎しみしか感じられないだろう。

こんなにも小さい欠片になってしまっていては、人とつながり、社会とつながることは難しいだろう。

もう一つのハートに目を向ける。

裂かれた傷や損なわれた部分は変わらないけれど、傷は金の糸で縫い合わされ、損なわれた部分は私を支えてくれたたくさんの人の笑顔の写真で埋まっている。その下から覗く色は柔らかなピンク色を取り戻している。

金でつなぎ合わされた縫い目は、金継ぎという国宝指定の茶碗の修理にも使われている技術を思い起こさせる。

割れたり欠けたりした焼きものを漆で接着し、繕った部分を金で装飾していくという手法は、修復するだけでなく以前より価値のある味わい深いものになることもある。

つなぎ合わされ、多くの人の笑顔で埋まっている私の傷だらけのハートを見下ろして思う。

つなぎ合わされたから強いんだ。

痛みを知っているから優しいんだ。

失ったから、得られたんだ。

まだ苦しみの真ん中にいたころ、私はこの経験が終わったら強く美しく素晴らしい人間になるのだと思っていた。

痛みを超えて強くなり、知識を得て賢くなり、決して傷つかない心を持った大きく深い優しい人間に。

でも、そうはならなかった。

理解しない社会にうんざりし、支援者がわかっていないと怒り、身近な人にあたることもある。激しい怒りを必死に抑え込んでいる。

これだけ苦しんできても、全然大したものになれない小さな人間だ。

その現実に胸をぐっさりと刺されるような痛みを感じるけれど、それでいいんだとわかっている。

何者にもならなくていい。

これからもさまざまな葛藤、混乱、心の動き、揺らぎ、苦しみが出てくるだろう。

それでもこの社会に暮らすたくさんの人たちと同じように、それを感じながら生きていく。

私は性被害の経験があって、看護師で、小さな家族を持っていて、喜びや怒りや悲しみや楽しさを感じる一人の人間だ。

今、私は自分を取り戻したと感じられる。

性暴力被害者・サバイバーのためのガイド⑦

どうやったら回復できるの?
健全さは自分の中にある

人間は、一人ひとりが成長と自己実現に向かう可能性を持った存在です。回復の道を歩むことも人それぞれです。大変なことでもあるけれど、思いがけない出会いや喜びを感じる瞬間もあります。元に戻るということより、成長し、新しい自分になるというイメージでもあります。一人ひとり、道のりは違います。あなたの道が良い旅となるように願っています。

回復は自分の力で

回復は「選択」

回復はあなた自身が意識して決断する「選択」です。誰もあなたの代わりに回復することはできません。

そして回復は唯一の健康的選択肢です。自殺や逃避、物質濫用、売春を選択することはあなた自身を傷つけること。それはあなたを傷つけた加害者の狙い通りになってしまうことなのです。

回復には時間が必要

回復には時間が必要です。学校を一日や二日で卒業できないように、さまざまなことを学びながら自分自身を成長させながら、少しずつ進んでいくものでもあります。

回復はそれぞれのペースで

人によって困難さを感じるポイントや、回復に至る手順も方法も異なります。私にとって良かったことが、あなたにとってもそうだとは限りません。それでも人とつながり、情報を得ていくことはあなたの道を歩むときに役立ちます。

回復は自分にしかできないこと　だけど自分だけではできないこと

回復はあなたにしかできないことです。でも、一人だけでできることでもありません。たくさんの支えや学びの中で、交流する力を取り戻すことも大切です。そして、誰かに相談しながらでも、最後には自分で決めることが役に立ちます。

私がしてきたこと

・祈る……宗教には所属していませんが、小さな祭壇を作り毎日無理やりでも感謝し祈りました。祈ることで心も落ち着き、物事の光の部分を見られるようになったと思います。

・自助グループに参加する……自分自身や物事を否定的にとらえがちでしたが、仲間と思える人の話を聴いたり話をしたりすることで、別の見方ができるなど少しずつ肯定的になり、自分は大切な人間だと思えるようになってきました。

・相談する……悩んだとき、困ったときは家族や親友、当事者仲間や専門家に相談しました。答えを探せば、時間はかかっても解決策は見つかると実感することができました。

傷は勲章になる

傷つきは大きな衝撃ですが、あなたが成長し大きくなれば傷は目立たなくなります。小さい木が、風雪に耐え、大きく成長していけば、その傷は成長の証ともなります。育ち、芽吹き、命をつないでいくこともできるのです。

そのとき、闘い生き抜いてきた歳月は誇りとなり、傷はその証となるでしょう。

最終章

あなたは、春を信じますか？

性暴力はどう裁かれる？

2016年5月25日、私は霞が関にある法務省高層階の大きな扉の前にいた。前年から開催されていた刑法の性犯罪規定改正のための法制審議会。その議論の場に呼ばれたのだ。

職員が扉をゆっくりと開ける。広々とした会議室にはコの字形に会議机が並べられていて、26人の法改正を議論する刑法学者、裁判官、検察官、弁護士、精神科医、臨床心理士が、委員、幹事として集まっていた。

机の前には、分厚い資料が、顔を隠すほどの高さまでうずたかく積み重なっていた。

この場で刑法が作られるのか、という思いは私を圧倒した。

刑法で性暴力は、主に強姦罪・強制わいせつ罪として定められている。刑法は今から100年以上前の明治40（1907）年に作られたものだ。

明治時代には性暴力という概念はなかった。条文は「暴行又は脅迫を用いて13歳以上の女子を姦淫した者は、強姦の罪とし、3年以上の有期懲役に処する。13歳未満の女子を姦淫した者も、同様とする」（刑法第177条）というシンプルなものだ。ちなみに姦淫とは性交を意味する。

しかし、この古い法律は多くの性暴力被害者を性犯罪被害者ではないと門前払いしてきた。私もその一人だ。

私が被害を受け始めたのは13歳だった。しかし暴力をふるわれたり、脅されたりすることはなかった。最終的に性交にも至らなかった。そのような被害者は強姦被害者ではないといわれてしまう。強制わいせつ罪に問うのでも、同様に暴行・脅迫が必要だ。

女子のみを被害者としているので、男児や男性も強姦被害者になることができない。

自分になされた性暴力が犯罪であるかどうかということは、被害者の回復に大きな影響を与える。

有罪になれば、「自分が悪いのではない、加害者に責任があるのだ」と思えたり、不十分ながらも公的なサポートを受けられたり、刑事さんや検察官が頑張っている姿に力をもらえたりもする。

しかし、調書の作成や被害現場を再現させられる実況見分、裁判など被害者にかかる負担は大きい。また警察に被害を届けても、現行刑法では自動的に手続きが始まるわけではない。

加害者が一人の場合は、強姦致死傷罪などでなければ「あなたが告訴しなければ事件化することはできない」と言われる親告罪であり、自分が相手の処罰を求めるかどうかを決めて告訴しなければならない。そこから捜査が始まり、警察が事件化して検察官に送致されても、検察が起訴しなければ裁判は始まらない。

そんな背景もあり、性的事件を受けた人のうち警察に届け出る人は18・5パーセントであることが明らかになっている（法務総合研究所「第4回犯罪被害実態（暗数）調査」）。また無理やり性交された経験を有している人のうち警察に連絡・相談した人はわずか3・7パーセントだった（内閣府「男女間における暴力に関する調査報告書」平成30年）。

警察に連絡・相談する人がこれほど少ないのは、刑法が定めている強姦罪の範囲があまりにも狭く、目に見える明らかな暴力性がなければ、有罪と認められにくいことがある。

しかし、性暴力は力や地位の差を利用して起こることが多く、加害者は必ずしも身体的な激しい暴力をふるわなくても目的を達成することができる。また、恐怖心から凍りつき（フリーズ）反射が起こり、固まってしまうことも少なくない。

だが、そのような性暴力が起こる状況や被害者の反応を、法律や司法システムはなかなか理解してくれない。

誰も本当のところを知らない

私はこの無理解にずっと絶望感を抱いてきた。

どうして、親や教師、コーチなどの、言うことを聞かなければいけない立場の人から性行為を強要されても、被害者が必死に抵抗しなければ、それは合意の上での性行為であると判断されることが多いのか。

どうして、13歳以上からは暴行脅迫がなければ強制性交等罪（旧強姦罪）と認められないのか。

どうして、夫婦の間でのレイプがほとんど強制性交等罪（旧強姦罪）にならないのか。

子ども時代の性被害を告白できるようになるためには数十年の時間を要するとされるのに、どうして、強制性交等罪（旧強姦罪）は10年、強制わいせつ罪は7年で時効になってしまうのか。

これでは被害者は被害を訴えることもできなくなってしまう。

被害者がどれほどの恐怖の中で、そのような状況を耐えなければならなかったのか、私には想像できる。

「嫌だ」と言った言葉を聞いてもらえずレイプされたのに、裁判では「はっきり拒否を示さなかった」「抵抗できないほどの暴行脅迫はなかった」と言われてしまう人の、突き落とされるような絶望も我がことのように感じられる。

訴えても被害と認められない現状には、胸をえぐり取られるような大きな痛みをも感じる。

でも、普通の感覚を取り戻すにつれてわかってきたこともある。

彼らは知らないだけなのだ。

そのような恐怖を感じる世界があることを想像もできないだけなのだ。被害を受けているときには選択の自由などなく、彼らが言うような、逃げられたり誰かに助けを求められたりする状況など存在もしなかった。こうしたことを理解できないだけなのだと。

このように考えが変わってきたのは2015年8月に「性暴力と刑法を考える当事者の会」を立ち上げ、活動をしてきた影響が大きい。

法務省は2014年10月から翌年8月まで「性犯罪の罰則に関する検討会」を開催し、2015年秋からは「法制審議会」を開催して、刑法の性犯罪規定改正の議論をしてきた。

私は2015年7月に参加した院内集会で法務省職員から「性犯罪の罰則に関する検討会」での議論のまとめを聞き、大きなショックを受けた。

一番ショックだったのは、

「極めてまれなケースかもしれないが、親子間でも真摯な同意に基づく性的な関係が全く起こらないとはいえないのではないか」（法務省「『性犯罪の罰則に関する検討会』取りまとめ報告書」）

という意見があったことだ。

性虐待を肯定するような言葉に「性暴力被害のことを全く知らない人たちが、被害者に大きな影響を与える法律を作っている」と強く感じた。

この主張の通りに議論が進んではいけない。たとえ無駄でも、何も変わらなくても、私たちが感じていること、思っていることを伝えよう。それを発信し、記録に残していこう、そう思った。

この思いに共感してくれた人たちと共に、「性暴力と刑法を考える当事者の会」を立ち上げ、刑法学者から刑法の基礎を学び、法制審議会に要望書を提出し、被害者の意見を伝えるための集会を開き、メディアに取材してもらった。

そうした活動の中で、どうせ言ってもわかってはもらえないだろう、小さな団体の活動など無視されるだけだろうと思っていたことが、いい意味で裏切られたという経験をすることができた。

国会議員の協力を得て法務省職員に要望書を手渡し、自分たちの思いを伝えることができた。話し合う中で理解を得られなかった部分もあるが、わかってもらえるように伝えるにはどうすればよいかを考える機会となった。

集会では多くの人が集まってくれ、被害当事者の声を聴き社会の在り方を共に考えてくれた。メディアに掲載されることで、私たちのことを知らない被害者や法律の専門家から「力をもらいました」「もっと話を聞きたい」との好意的な反響もあった。

専門家や、市民、報道記者たちと話し合えた経験は、被害の実態を知っているのに何もしないのではなく、知れば考え動いてくれるんだという実感に変わっていった。

要望書の提出も終わり、少し休憩していた2016年の春、法務省から1通のメールが届いた。

次回、要綱（骨子）第三をまとめるにあたって、ヒアリングに出席しないかという打診だった。

要綱（骨子）第三とは、今回の法改正で盛り込まれた新しい規定で、子どもが逆らえない立場である親などの大人からの性交を、暴力脅迫の有無を問わず強姦として処罰するというものだ。「18歳未満の者を現に監護する者」であることによる影響力を利用して性交することを想定している。監護する者とは親や養親などの、子どもの監督をし、保護している者が該当する。

例えば、親などの場合、暴行脅迫をしなくても、「お前がかわいいからだよ」「いいことだから、教えてあげるんだよ」などの言葉で、子どもに言うことを聞かせることができる。

メールを読んだ夜は、瞬間的に拒否反応が出た。

法律という大きな存在に、「あなたは被害者ではない」と冷たく否定されるのではないかという恐れは、私の中にまだ残っていた。また、伝えたいという気持ちと共に、被害のことを言いたくないという気持ちもあった。

「伝える必要がある」という思いが、「でも行きたくない」という相反する強い気持ちに圧倒された。

一夜が明けたあと、私はこう考えた。

(聞いてもらえるのだから、話しに行こう。被害を受けるとはどういうことか、できる限り伝えよう)

自分だけでは伝えきれないと思ったので、近親姦虐待のピアサポートグループSIAb. のけいこさんをお誘いして快諾していただき、一緒にヒアリングに出席することになった。

願い

5月25日、とうとう、ヒアリングの実施日がきた。

法制審議会の会場に入った私は、案内された椅子に腰を掛けて、コの字形に並んだテーブルの向こうに座っている委員や幹事を見渡す。

会場はしんと静まり返っている。

部会長の座っているテーブルははるか向こうに見え、マイクを伝わって流れる声が天井から響く。

一礼して、私は話し始めた。

「9カ月前にこの会を立ち上げ、被害者たちの声を伝えてきました。私がこの活動をしているのは、性暴力がどれほど大きい被害をもたらすのかということが伝われば、今の理不尽な状況を変えられると信じているからです――」

そして伝える。

父親からの性被害の経験、そのあと噴出してきた症状。

自分の運命が突然予測不可能な状態に陥ってしまった恐怖、人間としてではない

「モノ」として扱われる被害者の思い。

それでも抵抗していなければ、強姦罪ではないと言われてしまう現状。

ほとんどの人は無表情だったけれど、被害の経験を伝えているところでは何度も咳払いが聞こえ、一人の人は力づけるように私を見守ってくれた。

広い会場に、私の声だけが響く。

私の脳裏には、今まで出会ってきた社会から見放されたたくさんの被害者たちの顔が浮かんでいた。

小学生のときにレイプされ、被害を認識できないまま成人し、症状が出てきたときには統合失調症と誤診され適切な支援を受けることもできず、問題のある人として扱われてきた人のこと。

父親からの被害を訴えたのに、母親やほかの家族から認めてもらえず、18歳以上の未成年だったため児童福祉の対象にもならず、家族から切り離されて自立した生活を送ることを余儀なくされた人たちのこと。

たとえ児童福祉の対象になっても、家族から引き離されて児童養護施設で暮らし、18歳以降には誰も頼る人もなく社会で孤立し、生活が荒れていった子どもたちのこと。

「最後にお伝えしたいのは、私たち被害者の立場から性加害を見てほしいということです。そうでないと、性暴力によって何が侵害されているのかということがわかりません。

性犯罪被害者として認められず、この社会から見放された私たちの存在を、どうか認めてください。そして、それが社会的に、法的に許される行為なのかどうかということを判断してほしいと思います。私にこう伝えてくれた人がいます。

『社会が引き受けられないことを個人が一人引き受けて苦しんでいる。そんな社会はおかしいでしょう』と。

どうかこの審議会の議論が被害者や加害者だけでなく、この国に暮らす全ての人のための変化への希望につながることを願っています」

静まり返った会場の空気感が少し変わったと感じられた。

私たちの20分間という持ち時間を使い切ってヒアリングでの発言は終わった。

疲労困憊していたけれど、やりきったという充実感にも満たされていた。

その後、法務省のホームページに掲載された議事録を読むと、私の発言から理解が深められた様子を窺い知ることができ、あぁ少しは伝わったんだと安堵《あんど》の気持ちを覚えた。

それでも、性暴力の実態が反映された刑法が作られるには、長い時間がかかるだろう。

これからも粘り強く、被害側からの意見を伝える必要があると思っている。

本当は、被害経験のことを言うのもしんどいので、言わないでわかってほしいし、理解してほしい。

でもそれはかなわないことだ。性被害についてずっと勉強してきた専門家や、共感する力の高い一部の人にしか伝わらないだろう。

法律は、私たちの社会のルールだ。刑法の性犯罪規定が性暴力被害の実態を反映したものになるためには、私たちが伝え続ける必要があると思う。

別に私でなくてもほかの人がやってくれればいいと思うこともある。そんなときはアメリカの偉大な女性作家で詩人のマヤ・アンジェロウの言葉を思い出す。

Nothing will work unless you do.

あなたがやらない限りどうにもならない

今この瞬間にも、最も安全な場所であるはずの家庭で性暴力を受け、心を壊され大きなダメージを受けている子どもたちがいる。

最も信頼する人から裏切られ、身近な人にも理解してもらえず、一人沈黙の中で苦しんでいる人がいる。

思いもかけない場所で突然被害を受け、人間や世界に対する信頼を失ってしまった人がいる。

私にはその人たちを助ける力はない。

でも、伝えることはできる。

何も言わなくても、普段通りに見えても、心に大きな傷を抱え苦しんでいる人たちがいること。

そしてもし、一人の友人、一人の隣人、一人の支援者、一人の専門家がその人と共にいて、立ち上がってくれるのならば、その人の世界は変わるということ。

生きる希望を見出すことができるということを。

被害を受けても誰にも助けてもらえないという理不尽な現状を変えたいと思うのならば、これは私がやらなければならないことなのだ。

伝えなければ伝わらないし、変えなければ変わらない。

私にできないことはたくさんあるけれど、できることもたくさんある。

そして、私たち一人ひとりが現状を変える力を持っている。

子どもの性が傷つけられ、回復に人生のほとんどを費やすほどのダメージを受けなくていい社会。

全ての人が性暴力の恐怖に脅えず、お互いのセクシャリティを尊重することができる社会。

この国に「性暴力は許さない」という文化をつくることができたら、きっとこんな社会が実現できる。

私たち全ての人の生き方も変わるかもしれない。

この夢を実現し、そのために共に取り組んでくれる人が増えること。

それが私の願いだ。

社会を変えるということ

冒頭の法制審議会のヒアリングから1年1カ月が過ぎた2017年6月16日、私は永田町の国会議事堂にいた。石造りの重厚な建物内の迷路のように曲がりくねる通路を案内されて、分厚い扉の前に立つ。

扉をくぐり抜けると、そこはテレビ画面でよく見る半円形の議員席を見下ろす2階の傍聴席だった。

今日は、刑法の性犯罪規定の改正が参議院で議決される日だ。

この間、改正に向けて共に活動してきた仲間と傍聴席に着き、国会議員で満席の議場を見下ろしながら、2016年5月のヒアリングからの1年1カ月を振り返っていた。

ヒアリングから数カ月後、刑法の性犯罪規定の問題点をわかりやすく伝えるための冊子を作ろうと「性暴力と刑法を考える当事者の会」で話し合いをすることになった。

しかし、実際に起こった性犯罪事件の裁判の判決文を読むことで、ショックを受けたり、議論がまとまらなくなったりしてしまうことを心配したメンバーの中野宏美さんが、議論の進行役として、鎌田華乃子さんを紹介してくれた。鎌田さんは、市民の力で社会を変えるコミュニティ・オーガナイジングという手法をアメリカから日本に導入した人だった。

鎌田さんから「どうしてそう考えるのですか?」「何があると変わりますか?」などコーチングの手法を用いた質問が要所要所でなされていった。

議論を重ねて冊子原稿が出来上がったときに、鎌田さんが次のように声をかけてくれた。

「私も議論を重ねる中で刑法の問題に気づかされました。法制審議会での議論が終わり、来年の国会に刑法改正の条文が提出されると思うので、今からでも一緒に刑法を変えるためのアクションを起こしませんか」

そして2016年秋から、鎌田さんを紹介してくれた、性暴力撲滅を目指し啓発活動を行う組織「NPO法人しあわせなみだ」の中野さん、第4世代若手フェミニストによる社会派アートグループ「明日少女隊」、鎌田さんが立ち上げていた「ちゃぶ台返し女子アクション」を加えた4団体で、暴行脅迫要件をなくし性と性暴力に対する文化を変えるための「ビリーブキャンペーン」を開始することになった。

初めに驚かされたのは、彼女たちの熱意だった。

中野さんや私は、性暴力をめぐる問題に数年間関わる中で、なかなか動かない現状や解決の困難さなどを思い知らされていた。理不尽で不正義な状況に対して、声を上げようと思ってはいたけれど、諦めの気持ちもあり、実際に変えられるのかは半信半疑だった。

　でも、活動し始めの彼女たちには、「暴行脅迫要件を撤廃しよう！」「絶対に変えよう！」という勢いがあった。

　ミーティングの帰り道に中野さんと「すごいねぇ、本当に変えようと思っているんだね」と言い合ったのを覚えている。その熱気に押されるように、まず始めたのが議員に面談するロビイングだった。

　ロビイングを主に担当したのは、中野さん、鎌田さん、私だった。３人ともロビイングをするのは初めてで、私は政治家に面談したこともなかった。

　何をすればいいのかもわからなかったので、社会問題についてのロビイング経験がある人たちにアドバイスを求めた。その中で教えてもらったのは、刑法改正は国会の法務委員会で議論されることや、アドバイスを求めると力になってくれる議員も出てくるということだった。

　２０１７年１月の通常国会で法務省から刑法改正案が提出されるだろうが、国会に出された法律案をそこから大幅に変えるのは難しいということも聞いた。また、国会では多くの法律案が出されるため、状況によっては廃案になる可能性もあるという。

限られた時間の中で、私たちは三段階のゴールを設定することにした。最も望ましいゴールは、暴行脅迫要件の見直しだ。中間ゴールは、地位関係を利用したり、障害に乗じたりする加害を条文に追加してもらうこと。最低でもクリアしたいゴールは、今国会での刑法改正成立だ。

このゴール設定は、目的を共有しチームが一体となって活動するためのコミュニティ・オーガナイジングの手法だが、理想のゴールと現実的なゴールを定めたのがとても良かったと思う。意見が分かれる困難な時期にも、目指すゴールを共有していたため声を統一させることができたからだ。

この要望書を持ち、月2回ロビイングに行くことを決め、知り合いのつてをたどって議員を紹介してもらった。

「私たちは110年待った」

2017年1月の通常国会に刑法改正案が出されてからは、私も本格的に永田町の国会議員会館に出かけて議員に面談するようになった。

初めは議員と面談しても、無名の私たちはどういう団体なのか、何をしに来たのかを理解してもらえなかったり、私たちが「性暴力の問題を解決するために刑法改正の活動をしている」と話したら、「君たちと会ったことは公開しないでほしい」と言われたりしたこともあった。まだまだ性暴力被害に対してはタブー意識が強かったと思う。

メンバーとどうすれば良いのかを話し合う中で、「自分のストーリーを伝えることで理解が広まるのではないか」と考え、気持ちを伝えるようにした。

性被害の経験がありこの活動をしていること、被害後も鬱状態などの心理的負担が大きいこと。そして、大きなダメージを受ける一方でなかなか犯罪とならない実情を説明し、性暴力の実態に合わせて刑法を改正してほしいことを伝えた。

ほかのメンバーも自分のさまざまな経験を話し活動を重ねる中で、共感してくれる議員も現れた。「刑法改正を議論する法務委員会の議員を紹介してほしい」とお願いすると、自分の党以外にも次々と面談できる議員を紹介してくれ、与野党ともに数珠つながりに会える議員が増えていった。

２０１７年2月に『13歳、「私」をなくした私』が出版されて以降は、本を持参して面談した議員に渡していった。

その中の一人が、国土交通省出身で自民党の赤澤亮正《あかざわりょうせい》議員だった。性暴力・性犯罪については門外漢だと思われていたものの、この本を読み、理解を深めてくれた。そして「人間として何とかしなければならない」と、協力をしてくれるようになった。赤澤議員は法務委員会所属で、自民党国会対策副委員長であったため、法務委員会で次に何を話し合うのかを決める役割を担っていた。そしてこの国会中に刑法改正を通すためのキーパーソンとなり尽力してくれた。

活動を進める中で、今国会では暴行脅迫要件の見直し、地位関係性利用や障害に乗じた加害についての規定をつくることは難しいことがわかってきた。それでも少しでも前に進めたい思いを相談すると、公明党の秋野公造議員らから「国会の法務委員会で法律を可決するときに、その後の運用について要望できる付帯決議や、何年か後に見直すよう条文の最後に附則で条件をつけることができる」と教えてもらった。

そこで付帯決議として、警察官や検察官・裁判官に被害者心理を理解する研修を行うことや、調査研究を進めること、被害者支援を推進することなどを、そして附則として3年後に見直しをすることを入れてほしいと要望した案を作成した。

超党派の議員にも意見や賛同の声をもらい、右も左もわからない暗闇の中を進んで行くようなロビイング活動に少しずつ光が見えてきたのが2017年4月ごろだった。

だが同時に、テロ等準備罪処罰法の成立をめぐって賛否が分かれ、刑法性犯罪改正の審議は最後に回され、審議時間が足りなくなるとも指摘されていた。一番心配だったのは、刑法改正案が廃案になってしまうかもしれないということだった。

（今国会での成立は難しいかもしれない）

と絶望的な気持ちになる中、国会対策副委員長だった赤澤議員はこう問いかけてきた。

「君たちが切望しているのはわかっているから、今国会で通したい気持ちはあります。しかし、暴行脅迫要件を撤廃するなどの条文を変えるのは難しい。もっと時間をかけて議論してほしいという気持ちと、現段階の法律案を今国会で通してほしいという気持ちと……どちらを優先したいですか？」

持ち帰ってメンバーと議論すると、こんな声が上がった。

「私たちは110年待った。もう待つことはできない」

その声を受け私たちは、「この内容でいいから、今国会で成立させてほしい」とお願いした。

また、刑法改正を後押しするために、鎌田さんを中心に世論を盛り上げる動きにもメンバーは取り組んでいた。

法改正への思いを込めた「記号カラダンス」（他者とコミュニケーションできるダンスポーズのこと）をつくってSNSに投稿してもらったり、5月28日に最後の盛り上がりをつくるイベントを開催し、参加者と共に刑法改正への想いを共有したりした。

呼びかけていたオンライン署名は3万筆を超え、6月7日に金田勝年法務大臣に提出するときは赤澤議員の呼びかけで党派を超えたたくさんの議員が集まった。平日夕方にもかかわらずメンバーも駆けつけ、みんなで記号カラダンスのポーズをとり写真に収まった。メンバーや議員と想いを共有できたと感じられた瞬間だった。

そして今、眼下に参議院議員が集まる国会の本会議が開かれている。

私の両隣には、この間共に活動してきた中野さんと鎌田さんが座っていた。

議会場にとうとう「『刑法の一部を改正する法律案』は可決成立しました」との声が響きわたった。

刑法改正

２０１７年、刑法の性犯罪規定に、主に五つの大きな改正があった。

一つ目は、法定刑が懲役3年以上から5年以上に引き上げられたこと。

二つ目は、それまで男性器の膣への挿入と定めていた強姦罪から、男性器の膣・口腔・肛門への挿入と変更し、性別規定を撤廃したこと。

三つ目は、被害者が訴える意思を示さないと罪に問えず、逆恨みのリスクなども懸念されていた親告罪を、他の犯罪と同じように告訴状を書かなくても検察官が起訴できるようにしたこと。

四つ目は、親などの監護者が18歳未満の子どもに性交したら罪とする、監護者性交等罪を創設したこと。

五つ目が、強姦罪から強制性交等罪への名称変更だ。

私たちは、可決されたら性の対等を意味する記号カラダンスをしようねと言い合っていた。

顔を挟んで、片方の腕は頭の上で肘から先を水平に伸ばし、もう片方の腕をあごの下で肘から先を水平に伸ばすポーズだ。肘から先だけ見たら、＝（イコール）のように見える。

そんな思いを込めて、傍聴席で3人で撮ったポーズの写真は、一生涯忘れられない私の宝物として、今でもデスクの上に飾られている。

刑法の性犯罪規定が110年ぶりに改正されてから数カ月後、私は不思議な感慨に満たされていた。

あるときふと、

（あれ、治っている？）

と思ったのだ。

情緒不安定な心身を抱えていた私にとって、それまでと明らかに違う感覚だった。

1日のうちでも感情のアップダウンが少なくなり、性暴力に関するニュースや理解のない言動に過剰に反応することがなくなった。

思い当たるのは一つしかなかった。

刑法改正だ。

刑法改正の活動を通し、議員が一緒に考え働きかけてくれたことや、記者たちが報道し、性暴力の問題を知った一般市民からも理解ある声が寄せられるなどの反響があったからだと思った。

そして、この意味はもっと深いことを、2020年にポリヴェーガル理論を学んだことでようやく理解することできた。

ポリヴェーガル理論とは、哺乳類の神経系の進化と社会的な行動を解き明かす神経科学理論の一つで、ストレスやトラウマの理解などにも役に立つ。この理論によれば、安全は非常に重要なことで、「社会的行動と感情の制御を行う神経回路は、神経系が『安全である』と感じているときにのみ発動する（中略）。（『安全』は）高次の脳が創造性を発揮し、生産的であるためにも必要不可欠である」という（ステファン・W・ポージェス『ポリヴェーガル理論入門』）。

私は13歳のときから性被害を受けて、安全の感覚を失い「孤立」していた。数十年が経ったあとも、私は社会を信頼してつながりを取り戻すことができなかった。

事件が報道されれば、人々は性暴力への理解のない発言を繰り返し、被害を訴えても被害者が非難されたりバッシングの標的にされたりする。法律は無慈悲なもので、司法も被害を受けたときに「不動」や「解離」「シャットダウン」が起こるのは当然の反応だと理解せず、「抵抗」という不可能なことを要求する。

こんな光景を絶望の気持ちを持って眺め、心を閉ざしていた。

しかし、刑法の改正を求める私たちの声に対して、議員や記者、市民から応答があったこと、そして被害の実態を踏まえた改正がされたことで、やっとこう実感することができた。

私たちの声は届いた、と。

諦めずに声を上げていい。その声は届き、社会が変わることを期待していい、と思えた。

その実感が、私を回復に導いてくれたのだ。

「信頼に満ちた社会的関わりを持つことによってのみ、我々は『安全』を感じることができる」、神経系が「安全である」と感じているとき、「神経回路は、『健康』、『成長』、『回復』を促進するように働く」(同書)とポリヴェーガル理論が説明するように、言葉だけではなく行動で、「安全」と「社会的関わり」を体験することができたのだ。

この時期に、以前よりも健康になれたのはとてもいいことだった。

なぜなら、刑法改正はここからが本当のスタートだったからだ。

あなたは、春を信じますか？

２０１７年の5月、私たちは議員面談の合間のぽっかり空いた時間に国会議員会館のカフェで、コーヒーを飲みながら今後のことを話し合っていた。カフェは、壁一面の窓ガラスの向こうに緑の斜面が見える眺めの良い場所にあった。仲間たちが話しているのを横目に、私はぼーっと緑を眺めていた。

その私に鎌田さんが突然、

「議員とのつながりもできたし、今回の改正だけでは終わらないだろうし、続けないともったいないよね」

と言った。

一拍置いて、私の脳内に広がったのは、

（ええっ？　まだこれやるの？）

という驚きだった。

当時の私は、週に一回のミーティング、仕事の合間をぬっての議員事務所への面談予約の電話、資料作成と議員面談、イベント準備や実施などで疲労困憊だった。

その一方で、法改正はしたものの多くの課題が残されていた。

まず、繰り返し書いているように暴行・脅迫を証明できなければ罪に問えないこと。優越的な地位を利用した性加害でも、暴行脅迫がないと罪に問うことができないのだ。

その他にも、性行為に同意する能力があると見なされる年齢（性交同意年齢）が13歳未満と低すぎるという問題。訴えられる期間である「公訴時効」が、強制性交等罪で10年、強制わいせつ罪で7年と短すぎるという問題。性暴力は本人が被害と認識することが難しく、訴えられるようになるまでに長い時間がかかるのも本書で書いたとおりだ。

幸いにも、今回の改正では3年後に見直しを検討するという附則がついた。

私は覚悟を決めた。

声を上げなければ届かない。性暴力被害の実態と、それが司法によって対応されていない現実を伝え続けていかなければ、3年後の見直しも実施されないかもしれない。

今やらなければダメだ。

奔流の中を泳いで行くような気持ちで、さまざまな手続きを申請し、団体を法人化した。

団体の名称を創設メンバーと話し合う中で、私はSpringという案を出した。何年か前に参加していた自助グループ「たぬきの会」で出された、「春を信じますか？」（ナヤ・アービター作、藤岡淳子抄訳）という詩が私の心を捉えていた。その詩は、今を人生の冬のように感じていたとしても、季節は巡り春はやってくる。春を感じ、気づくことができなかったとしても、私たちも大きな自然のサイクルの一部なのだ、と語りかけていた。そして、「あなたは、春を信じますか？」と結ばれていた。

はじめて詩を聞いた当時、私は性被害を受け凍りついた感覚で生きていた。とても春なんて信じられないと思った。

しかし団体を設立するとなったときに思い出したのが、この詩だった。

私は団体のメンバーにこう伝えた。

「Springには、抑制され、作動しない位置から解き放たれるという意味があります。立ち直る力、レジリエンス（元の形に戻る復元力）の意味も持っています」

レジリエンス、それこそが私たちが必要としていることだった。そして、性被害によってフリーズ（凍りつき）している全ての人が解放され、人生の春を迎えてほしい。性暴力被害者が生きやすい社会をつくりたいと強く思った。

メンバーも賛成してくれて、一般社団法人Springという名称に決まった。Springを設立して仲間も増えた。刑法の性犯罪規定について問題意識を持ち、どうすれば良いかを考え、共に動く仲間ができたのはとても嬉しかった。

私たちの目的は、さらなる改正だ。そのための当面の目標として、改正を実施する際に設立される法務省の検討委員会で「委員たちが性暴力の実態をよく理解した議論をしてくれること」と定めた。

しかし、この段階では検討委員会が設立されるかどうかも全くわからず、議員や法務省に話を聞きに行っても、「まずは実態調査を」と繰り返されるばかりだった。それでも国会議員への面談を続け、性犯罪規定の課題と改正の必要性を繰り返し訴え続けた。

その結果、私たちの要望を聞いてくれた国会議員から、性犯罪規定についての質問会が複数回実施された。さらには、与野党議員に議員連盟の設立を依頼したところ、自民党議員が2017年12月に「性暴力のない社会の実現を目指す議員連盟(1 is 2 many!〈ワンツー〉議連)」を発足し、議論を前進させていった。

不可解な無罪判決

その間、社会的には大きな変化が起こっていた。

2017年5月にはジャーナリストの伊藤詩織さんが自らの性暴力被害を告発。秋にはハリウッドの映画プロデューサーによるセクシャルハラスメント疑惑を皮切りに、セクシャルハラスメントなどの被害体験を#MeTooをつけてSNSに投稿する運動が広がり、性暴力を告発する世界的なムーヴメントが起こっていた。

日本では#MeTooは盛り上がらないと言われていたけれど、セクシャルハラスメント、性暴力を告発する動きは徐々に広がった。そして、政府高官が辞任に追い込まれたり、著名写真家が解任されたりするという動きも起こり、海外メディアにも注目された。

しかし、そのたびに被害者へのバッシングも起こった。「ハニートラップ」や「枕営業」などの言葉が飛び交い、被害者が嘘をついていると貶めたり、直ちに警察に届けなかったことから虚偽申告だと決めつけたり、被害者の服装や行動を批判したりする言動が繰り返された。

声を上げた人が守られないことは、被害を訴えにくくし、実際に起きている事件が明らかにならない暗数をさらに増やすことになる。また、加害者の責任を問わないことは、性暴力のリスクを増大させることにもなる。性暴力を正しく理解し、無理解と偏見をなくしていくこと、そして誹謗中傷を抑止する法整備や被害を受けた人への支援を整えていくことは、声を上げやすい社会とするために急務だったが、遅々として進んでいなかった。

さらに、積み残された課題の結末を、私たちは2019年3月に相次いだ4件の無罪判決によって目の当たりにすることになった。

3月12日、福岡地裁久留米《くるめ》支部で、酩酊し意識がない状態の女性に性交し、準強姦罪で訴えられたにもかかわらず、加害者の「性交に同意していると思った」という主張が認められ無罪となった判決が報じられた。裁判長は「女性が拒否できない状態にあったことは認められるが、被告がそのことを認識していたと認められない」と述べた。

3月19日は静岡地裁浜松支部で、通りすがりの女性への強制性交等致傷罪が加害者の「同意していると思った」との主張が認められ無罪となった。男性から見ると女性が明らかにわかるような形で抵抗を示すことができていなかったとされ、久留米支部の判決と同じように、加害者に故意がないことが理由とされた。

3月26日は名古屋地裁岡崎支部で、準強制性交等罪で起訴された実父への無罪判決が出された。実父が娘に中学2年生の頃から性交等の性的虐待行為を継続的に繰り返し、次第に抵抗を諦めるようになった19歳のときの被害について、同意のない性交だったと認めながらも「抵抗できない状態ではなかった」として無罪としたのだ。

3月28日は静岡地裁で、実父の12歳の長女への強姦罪に対し、被害者が言う被害の日時が変わり、信用できないとして無罪となっている。

加害者が「相手が同意していたと誤解した」と言えば、故意がないとされ無罪になるのでは、裁判所が性犯罪の判断基準を示せていないことになる。裁判は一体何のためにあるのか、被害者は救われないと強く思う。

また、繰り返される性的虐待の中で、被害者が日時を特定できないのはよくあることだ。その中で「抵抗しても無駄だ」「拒否しても聞いてもらえない」という無力感が生じ抵抗できなくなることも、性的虐待を受けた人の反応としてとても当たり前のことだ。なのに、抵抗していない、もしくは抵抗できない状態ではなかったとして罪に問えなくなってしまう。

これらの判決を目にして、言葉で言い表せないほどの絶望感を感じると共に、「またか」という思いも去来した。私自身もこれまで、被害者や支援現場から似たケースをよく聞いてきたからだ。

4件の無罪判決は、各地で女性記者が奮闘して取材し報道してくれたけれど、当初は記者からも「判決はおかしいと思ったけれど、裁判所の判断は正しいはずだからどう報道したらよいのかわからなかった」との声も聞かれた。

一方、岡崎支部で実父が娘をレイプしたことを認めながらも無罪となった事件は、市民社会に大きな波紋を投げかけた。

「こんな事件が無罪になるのなら、自分の被害は訴えられない」と嘆く声や、「加害者が処罰されない日本にいるのが怖い」と訴える人もいた。「悔しい」「我慢できない」という声も聞かれた。

その声に応えるように、作家の北原みのりさんたちが、「性暴力に抗議し、被害者の痛みを分かち合おう」と花を持って街頭に集まるフラワーデモをツイッター上で呼びかけたのだ。

広がっていくうねり

２０１９年４月11日夜、東京駅前の行幸通りと大阪ではじめてのフラワーデモが開催された。

私もプラカードを持って行くと、すでに大勢の人が集まり、スピーチする人の周りに半円の車座をつくっていた。ＴＶカメラやペンやノートを持った記者の姿もあった。

主催者や関係者のスピーチが続いたあと、輪になった人たちが次々とスピーチに立ち、無罪判決への憤りや自分の被害経験を語り始めていった。

声は途切れず、北原さんたちは「来月もここで集まりましょう」と伝えたとのことだった。また、自分の住む地域でも開催したいとの声が上がり、５月11日には、東京、大阪、福岡で開催された。

一方、インターネットでは「判決文を読んでいないのに批判している」「法律を理解していない」という弁護士を名乗る投稿も数多くあり、その中には見るに耐えない誹謗中傷もあった。またその批判はフラワーデモにも向き、「法律の現場を知らない女性たちが深く考えずに怒っている」と揶揄《やゆ》するような書き込みもあった。

それでもフラワーデモは毎月開催され、希望する人が自分の思いや経験を伝えていく静かな場として展開されていった。声が震えたり、嗚咽《おえつ》で言葉を詰まらせたりしながらも懸命に自分の経験を伝えようとする被害当事者の人たちの声に、集まった人は真剣に耳を傾けていた。

徐々に大都市以外でも開催されるようになったが、地方では性暴力は訴えにくく、「駅前でプラカードと花を持って、佇《たたず》むだけでも難しい」という声も多かった。

それでも、性暴力への抗議と被害者に寄り添う気持ちを全国的に表そうと、翌年の無罪判決が出されたのと同じ月である3月までに、全国47都道府県での開催という目標が定められた。そして、各地域の女性たちが恐怖や不安の気持ちを乗り越えて、自分が暮らす県でフラワーデモを開始していった。

私自身もフラワーデモでスピーチをさせてもらったり、Springの地方イベント開催時に、共催してくれた地域団体にフラワーデモの開催を呼びかけたりして、参加者や活動家がゆるくつながり、共に行動できるように関わっていった。

半年経った11月ごろ、日本海側を中心にフラワーデモが実施されていない県が残った。そんな中、たまたま12月11日に福井県で講演することになった。フラワーデモ未開催の福井県で開催することには意義がある。たった一人のスタンディングでもいいから福井駅前に立とうと、ツイッターで福井駅前でフラワーデモを開催することを呼びかけた。

講演が終わってから、花とプラカードを持って恐竜のモニュメントがある福井駅前に立つと、「山本さんですか？」との声がかかり、何人かの女性たちが集まってきてくれた。お互いに自己紹介をし、性暴力や無罪判決についてお話しし、福井県で初めてのフラワーデモが開催された。そのときに参加してくれた人により、その後も福井県ではフラワーデモが開催されている。

こうして未開催地域に開催が呼びかけられ、2020年3月8日国際女性デーに、フラワーデモは全国47都道府県で実施された。同じ日にそれぞれの地域で性暴力に抗議する声が上げられ、被害者に寄り添う気持ちが示されるというかつてない運動になった。公式発表では延べ1万人が参加し、大きな広がりを持った運動になっていった。

「13歳の私」に差し込んだ光

2020年3月12日、私はフラワーデモを主催する北原みのりさん、松尾亜紀子さんと新幹線で名古屋に向かっていた。岡崎支部で無罪となった事件の控訴審判決が名古屋高裁で行われるのに合わせて、裁判所前でフラワーデモが開催されるので誘ってもらったのだ。

当初は行っていいのかと悩んだ。

私は被害者の方を知らない。自分の事件をきっかけに多くの人が抗議し運動をしていることに対して、彼女がどう感じているかわからないままに行動することに不安があった。

それでも、彼女が経験した被害が罪として認められなかった現実を許すことができなかった。判決が覆り、正義が下されてほしいと祈る思いで共に名古屋に向かった。

名古屋高裁前の歩道は広かったが、名古屋フラワーデモの開催者と参加者、記者やカメラマンでごった返していた。

新型コロナの対策のため、傍聴席は限られているとのことで、開廷前に整理券が配布された。

私も「当たれ！」と念じて整理券を引き、フラワーデモの参加者や知り合いの記者たちと話しながら発表を待った。２００人が並んだとの噂が飛び交う中で、23席しかない傍聴席が当たるのだろうかと不安に思った。

番号が張り出された。一番違いで私の整理券番号はなかった。

（残念だけど外で判決を待とう）

すると、先ほど話していた一人の女性が近づいてきた。彼女が当たった傍聴席を譲ってくれるという。

そして、「だって、山本さんが行かなきゃ」と微笑みかけてくれた。

その笑顔に触れた瞬間、ものすごく感動して、私の中でせき止めていた感情があふれ出した。

私は、実父からの同意のない性交を無罪とした岡崎の判決に絶望していた。

絶望したことにも気づかないようにしていた。

本当は、「またか」、なんて思いたくなかった。

衝撃を受けたままに、泣き、怒り、抗議の声を上げたかった。

でもそれをするには、私はあまりにも傷つけられていた。

被害者を顧みない刑法、それにまっすぐ向き合おうとすることは、救われなかった自分と直面することだからだ。誰も救ってくれなかった私の被害。打ち捨てられた13歳の自分が倒れ伏しているように感じて、胸を締め付けられ、息が苦しくなってしまう。そんな痛みを抱えて、声を上げるのは辛すぎた。

自分の感情から遠ざかり、感じないようにして、またかという諦めの気持ちを持つことで、この衝撃から逃れようとしていた。

けれど、女性が傍聴券を譲ってくれたとき、倒れ伏していた13歳の私に声をかけられたような気がした。それは、意図せずして起こった交流であるけれど絶望を信頼に変えてくれた瞬間だった。

感激で胸をいっぱいにしながら「ありがとうございます」と伝え、傍聴券を受け取った。

そして、フラワーデモの参加者たちに見守られつつ北原さんたちと裁判所内に入り、案内された法廷の傍聴席に座った。

逆転判決

法廷の右側には被告側弁護士、左側に検察官、被害者側弁護士などの関係者が座っていた。しばらく待っていると3人の裁判官が入廷し着席した。一礼し、開廷が告げられる。

すぐに中央に座った50代くらいの男性裁判官が朗々たる声で判決文を読み上げた。

「原判決を破棄する。被告人を懲役10年に処する」

記者たちが速報を伝えるために席を立ち、バタバタバタバタと退廷していく。その光景を横目で見ながら、逆転有罪になって良かったとじわじわ込み上げてくる気持ちを嚙み締めていた。

途切れることなく判決文は読み上げられていく。無罪になった地裁判決では、娘が性交に同意していなかったことは認めたが、抵抗したことがあったことのほか、事件前にふるった暴力は性交を拒むことができないほどひどいものではなかったこと、アルバイト収入があり性的虐待から逃れるために一人暮らしを検討していたことを理由に、人格が完全に支配されたとは言えず、抗拒不能（抵抗できない状態）

ではなかったとしていた。

それに対し高裁判決では、娘が性的虐待を避けようと努力したあとにかえって性的虐待の頻度が増したため無力感を増強させたことを指摘し、一審判決では暴力をふるい性的虐待を行っていたことを十分に踏まえなかったと批判した。

学費をめぐり心理的圧迫があったことも認め、また性的虐待が行われている一方で普通の日常生活が展開されていることは、虐待のある家庭では普通のこと、という医師の証言を用いて、日常生活の中で言いなりにならなかったことが抗拒不能ではないことの証明にはならないと述べた。

地裁判決が抗拒不能ではなかったとした出来事それこそが、抗拒不能の証明であるとオセロを白から黒にひっくり返すように明らかにしていったのだ。

裁判所を出て、フラワーデモの参加者たちと泣きながら逆転有罪判決を喜び合った。

当日、被害者の方は弁護士を通じてコメントを発表された。

幼少期に暴力をふるわれ怖くてじっと耐え続けるしかなく、感情をなくしながらも被害のあとに泣ける感情が残っていることが救いだった、という文章に彼女の苦しみを思い、涙を抑えることができなかった。

#MeToo運動やフラワーデモに関しても、意味のある行動ととらえていてくれたことに安堵する思いだった。

最後に彼女は、信じてくれる人は少なかったこと、これから救いを求めてくる子どもたちに、信じてもらえない辛さを味わってほしくないと綴っていた。

「信じてくれる人は少なかった」と伝える彼女の言葉は重く、性被害者を救える社会はあまりにも遠いことを思い知らされる。

逆転有罪判決後、被告人の実父は最高裁判所に上告。半年以上を経て11月4日に上告は棄却され、懲役10年の実刑が確定した。

彼女の被害が訴えられてから、長い3年間だったと思う。

中学生のときから実父からの性的虐待を受け続けてきた子どもの被害が認められるのにこれほどの時間がかかり、しかも理不尽な無罪判決が出されたことを、司法は重く受け止めて改革に取り組んでほしいと強く思う。

残された課題

２０１７年の法改正で新設された、親などからの子どもへの性交を処罰する監護者性交等罪は、対象を18歳未満の子どもに限定している。

だが、性的虐待を受けてきた子どもが18歳になったからといって、対象から外されるのは被害の影響を理解していない理不尽な規定だとも思う。被害のダメージにより自分の考えや感情を奪われていることが多く、逃げたり訴えたりするなどの行動を起こすことも困難になると指摘されているからだ。

監護者性交等罪が18歳以上にも適用されていれば、岡崎支部の事件でも地方裁判所で実父を有罪にすることができた可能性は高い。

18歳未満の被害で起訴できなかったのは、日時や場所の特定が困難だったからではないかと想像している。被害があったことがわかっても、日時や場所を証明できず、検察官も無念の気持ちを持ちつつ起訴を断念せざるを得ないことも多いと聞く。

静岡地裁の事件も被害時の日時が一致しなかったことから地方裁判所で無罪となり、高等裁判所で争われたが、２０２０年12月21日逆転有罪判決が出された。同じ証言、証拠でも裁判官によって真逆の判断となることには驚くし、恐いと思う。「同意していると思った」という意見が認められ無罪となった久留米支部の事件は、高裁で逆転有罪判決が出された一方で、浜松支部の事件は控訴されなかった。「同意のない性行為は性暴力だ」という認識を社会の常識とすることで、加害者の言い分を不合理だと認定することもできると思う。性暴力や性的同意について社会の認識が深まることも求められている。

裁判が終わっても被害者の人生は続く。鬱病やＰＴＳＤを抱えながら生活をどう立て直せるのか、働き続けることができるのか、働けない年齢だったらどこで生活するのか、家族からの支援は受けられるのか、その後をどう生きていくのか。答えが見えない人生を生きていかざるを得ないときに、性暴力被害を理解した関わりや生活や経済面を支える具体的なサポートをもっと充実させることが、これからの課題だ。

２０１７年の刑法改正時の「見直しを検討する」という附則を受けて、２０２０年３月、法務省により「性犯罪に関する刑事法検討会」が設置された。

いよいよ刑法の性犯罪規定を改正するかどうか、改正するのならば何を変えるのかが話し合われるのだ。

刑法学者、弁護士、検察官、警察官、精神科医、公認心理師などの17人の委員が刑法の性犯罪規定の改正について議論を始めることとなり、私も性暴力被害当事者・支援者として委員に選ばれた。このような議論の場に被害の当事者が入るのは初めてのことだった。

検討会では、暴行脅迫要件の撤廃や、不同意性交等罪創設の可否、地位関係性利用、性交同意年齢の在り方、公訴時効の在り方など、私たちがこれまで要望してきたことが論点に盛り込まれた。

当事者の一人として、私はこれからも伝えていく。

司法に出てくる事件は氷山の一角で、ほとんどの被害が相談されることもなく訴えられることもなく沈んでいること。相手を人間として尊重せず、暴力や支配関係を用いた性暴力の実態を。

岩壁をよじ登るように

最近、こんな夢を見る。

私は広い湖の岸に座り込んでいる。

湖の向こうには、切り立った峰々が見え、足掛かりもないほどの絶壁を形成している。その峰々はぐるりと湖を取り囲み、湖がお椀の底のようになっていることがわかる。

水は冷たく、吹き下ろす風は凍てつき、肌身に突き刺すようだ。

目には見えないけれど、冷たい湖の底には性暴力を受けた被害者たちが凍りついて横たわっているのがわかる。

声もない。

音もない。

色もない世界。

私もかつてはあそこにいて、今、岸にいるのは偶然にすぎないと思う。

この水を干上がらせ、中にいる人たちを救い出したいけれども、水位は高く、水面は果てしなく広がっている。

湖の向こうには、沈む人を救い出そうと踏み出す人たちの存在が感じられる。しかし、懸命に奮闘するその人たちの向こう側に、新たな被害者たちが投げ落とされるのが見える。

あれを止めないとダメなのだ。

夢の中で必死に私は思う。

投げ下ろしている奴《やつ》らを止めないとダメなのだ。

ままならぬ身体を引きずるように崖に向かう。

岩壁を掴《つか》み、鉛のように重い身体を必死に引き上げ、崖をよじ登ろうと試みる。

ふと周囲を見渡すと、他にも峰々のそれぞれで岸壁にとりつき、這い上がっていこうとする人たちの姿が見える。

同じように崖を登ろうとしている者。

後に続く道を用意しようとしている者。

崖を崩そうとしている者。

登る山は違っても同じように、この湖から人々を助けようとしている人々と共に私も崖の頂上を必死に目指していく。

どうしてこの活動をしているのですか？とよく聞かれる。

イメージするのはこの湖のことだ。

そこがどんな世界か知っているから、誰一人そこに取り残してほしくない。

被害者たちが救われ、崖が崩され、加害者たちの姿を白日のもとに晒《さら》して欲しい。

この湖がなくなり、性暴力のない社会が築かれる日は、いつ来るのだろうか。

それがどんなに先であっても、その日が来ることを信じて、これからも進んでいきたい。

※湖は宮地尚子『環状島＝トラウマの地政学』からのイメージです。
ここにお礼を申し上げます。

あとがき

この本を書きながら、私のことなどを伝えてよいのだろうかと悩む気持ちがありました。

見た目ではさりげなく振る舞っている性暴力被害者の内面では、大きな嵐が吹き荒れています。荒れ狂う感情や攻撃衝動をアディクションやさまざまな症状で表すしかない人たち、言葉にすることすらできない沈黙の中で、日々を生きるために必死にもがいている人たちのことを思い起こすからです。

でも、「被害に大小はない」という親友の言葉にハッとさせられました。電車でお尻を触られた人でも、心に大きなショックを抱え、電車に乗るのが怖くなった人もいるかもしれません。男の人を普通の異性として見られなくなった人もいるかもしれません。言葉では表現できない状態を摂食障害や鬱などのさまざまな症状で表している人もいるかもしれません。

そのような、人を萎縮させ人生の可能性を縮小させる性暴力が存在していることがおかしいのです。

性暴力を受けていい人はいません。責任は加害者にあります。

もし、性暴力を見つけ出し、加害者にそれをやめさせ、被害者の回復を力強く支援していくことができないのなら、それは性暴力を暗黙のうちに許容し、性暴力加害者を許しているのと同じことです。

ネットやSNSの発達は、加害者の若年層への接触を容易にし、新たな被害者を次々と生み出しています。そのような被害を防止し、被害者にも加害者にもならないよう性と性暴力について子どものころから伝えることが不可欠です。具体的には、小中学校から性暴力について教育し、被害を受けた人を多方面から支えられる福祉や司法の制度改革に取り組んでいく必要があります。

私がここまで来られて、説明することが難しい性暴力被害の影響をまがりなりにもお伝えすることができたのは、私に関わり教えてくださった全ての方々のおかげです。

リンダ・ジンガロさんをはじめとする偉大な先を行く仲間たち、いつも素晴らしい知見をもたらしてくれるNPO法人レジリエンス代表の中島幸子さん、深い心の気づきを教えてくれるけいこさんとSIAb.の皆さん、さまざまな場で出会い話してきた性暴力サバイバーの仲間たち、子どもを守り育んでいるひまわりの会のお母さんたち、性暴力加害についてたくさんのことを教えてくれた藤岡淳子教授をはじめとする一般社団法人もふもふネットの皆さん、連続講座をする中で一緒に学んできたエセナ5のメンバーたち、硬派で社会派で、あるべき社会をいつも示してくれるNPO法人女性の安全と健康のための支援教育センターの皆さん、元・代表理事の角田由紀子弁護士には最終章で述べたような法律の理解を助けていただきました。法医看護学をご教示いただいた佐藤喜宣医師、SANE研修から日本フォレンジック看護学会まで一緒に学び歩んできたSANEの仲間たち、驚異的な仕事の速さで助けてくれるNPO法人しあわせなみだ代表の中野宏美さん、ロビイングのご指導をいただいた湯前知子さん、一緒に性暴力と法律について考えてきた「性暴力と刑法を考える当事者の会」の皆さん、人生の羅針盤を示してくれたメンターさん、執筆に詰まる私の理解の手助けをしてくれたセラピストさんへ心からの感謝の気持ちを送りたいです。

揺れ動く私を見守ってくれた看護師の先輩や同輩たち、友人たちにもお礼を言いたいと思います。

２０１７年の設立後より、刑法の性犯罪規定の改正に向けて苦楽を共にして活動している一般社団法人 Spring の仲間たち。いろいろな気持ちを共有しながら、共に活動できていることに感謝の気持ちでいっぱいです。これからもさまざまな苦難があるでしょうが、一緒に乗り越えていきたいと思います。それぞれの事情で離れていった方々にも、一緒に活動できたことを心から感謝しています。

そして、いつも私を支え見守ってくれている、かけがえのない大事な親友である美智子と夫と母に本当にありがとうと伝えたいです。

そして、最後まで読んでくださった読者の方へ。

この本を読んでくださることで、性暴力が人間にどれほど大きく複雑な影響を与えるのか、理解してくだされば嬉しく思っています。

わかりにくい性暴力被害について少しでもわかってくださり、性暴力被害者・サバイバーを優しく、温かく、心強く支えてくれる、そんな人たちが一人でも増えてくれることを願っています。

その一人にあなたがなってくだされば、こんなに嬉しいことはありません。

参考文献

落合慈之監修、秋山剛・音羽健司編『精神神経疾患ビジュアルブック』学研メディカル秀潤社、２０１５年

宮地尚子『トラウマ』岩波新書、２０１３年

ピーター・リヴァイン、藤原千枝子訳『心と身体をつなぐトラウマ・セラピー』雲母書房、２００８年

加納尚美・李節子・家吉望み編『フォレンジック看護――性暴力被害者支援の基本から実践まで』医歯薬出版、２０１６年

エドワード・J・カンツィアン、マーク・J・アルバニーズ、松本俊彦訳『人はなぜ依存症になるのか――自己治療としてのアディクション』星和書店、２０１３年

ロン・クルツ、岡健治他訳『ハコミセラピー――カウンセリングの基礎から上級まで』星和書店、１９９６年

シンシア・L・メイザー、K・E・デバイ、野坂祐子・浅野恭子訳『あなたに伝えたいこと――性的虐待・性被害からの回復のために』誠信書房、２０１５年

斎藤学『封印された叫び――心的外傷と記憶』講談社、１９９９年
板谷利加子『御直披』角川書店、１９９８年
藤岡淳子『性暴力の理解と治療教育』誠信書房、２００６年
ジュディス・Ｌ・ハーマン、斎藤学訳『父―娘　近親姦――「家族」の闇を照らす』誠信書房、２０００年
市橋秀夫監修『パーソナリティ障害（人格障害）のことがよくわかる本』講談社、２００６年
中島幸子『マイ・レジリエンス――トラウマとともに生きる』梨の木舎、２０１３年
レオ・バスカリア、草柳大蔵訳『〝自分らしさ〟を愛せますか』三笠書房、１９９９年
上岡陽江・大嶋栄子『その後の不自由――「嵐」のあとを生きる人たち』医学書院、２０１０年
松本俊彦『もしも「死にたい」と言われたら――自殺リスクの評価と対応』中外医学社、２０１５年
ジュディス・Ｌ・ハーマン、中井久夫訳『心的外傷と回復〈増補版〉』みすず書房、１９９９年
キャロライン・Ｍ・バイヤリー、宮地尚子監訳、菊池美名子・湯川やよい訳『子どもが性被害をうけたとき――お母さんと、支援者のための本』明石書店、２０１０年

大藪順子『ＳＴＡＮＤ――立ち上がる選択』いのちのことば社・フォレストブックス、２００７年
ステファン・Ｗ・ポージェス、花丘ちぐさ訳『ポリヴェーガル理論入門――心身に変革をおこす「安全」と「絆」』春秋社、２０１８年
鎌田華乃子『コミュニティ・オーガナイジング――ほしい未来をみんなで創る５つのステップ』英治出版、２０２０年
宮地尚子『環状島＝トラウマの地政学』みすず書房、２０１８年（新装版）
宮地尚子『トラウマにふれる――心的外傷の身体論的転回』金剛出版、２０２０年
もふもふネット各種専門研修資料

団体の紹介

SIAb.（Survivors of Incestuous Abuse　通称：シアブ）（https://siab.jp）

近親姦虐待被害に特化したピアサポートグループ。2013年発足。SIAb.プロジェクトを企画。当事者たちの語り合う姿を動画配信したり回復に向けての情報配信をしている。

NPO法人レジリエンス（http://resilience.jp/）

DVや虐待、モラハラ、その他さまざまな原因による心の傷つきやトラウマについての情報を広げる活動をしている。

NPO法人女性の安全と健康のための支援教育センター（https://shienkyo.com/）

女性、子どもへの暴力と取り組む支援者のために研修講座を開催している。

一般社団法人もふもふネット（https://mofumofunet.jimdo.com/）

人々が非行、犯罪、暴力から受ける悪影響を低減させるためのプログラムを実施している。

解説

潤さんがくれたプレゼント

伊藤詩織

２０１７年にロンドンのワンストップセンターを取材したときのことだった。このワンストップセンターは心身のケアだけではなく、法的サポート、警察への届け出、そしてその後の生活サポートなど、ここにくれば、被害後に必要なさまざまなサポートを受けられる。

特に「その後の生活のサポート」には興味があった。時間が解決してくれる、事件から時間が過ぎれば痛みが少なくなるなど、私にとってはどちらも大きな嘘だったからだ。むしろ数年経つにつれ、痛みが増してきた局面もあった。

周りは何が起きたかを忘れていくのに、私の中には取り残され、リアルに輪郭を増していく痛みがあった。それにどう向き合えばいいのか、当時はわからなかった。伝えるという望みだけが、壊れかけそうな私をなんとかつなぎ止めていた。だから先進的なこの施設のことを取材し、どんなことが今後日本で参考になるのかを伝えたかった。

まずこのワンストップセンターに働くセラピストが、普段どんな手順で話を聞いていくのか教えてくれた。彼女は躊躇することなくいつも通りをデモンストレーションしてくれた。

「目を閉じて安心する場所を思い浮かべてください。そう最初に伝えます」

そうすることによってカウンセリング中にパニックになっても、目を閉じれば落ち着く場所に戻ってこられるのだという。

「あなたも試してみてください。さあ、目を閉じて」

言われるがままに目を閉じ、一生懸命「安心できる場所」を思い浮かべてみた。でも、何もなかった。安心できる場所をいくら探しても、その場所へ頭の中でたどり着くことはできなかった。

安心する場所ってどんな場所? 何があるの?

答えのわからない考えだけがぐるぐるかけ巡り、迷子になってしまった。

私に安心できる場所なんてない。そう思うと、途端に涙が溢れてきた。

日本で被害を公にしたのちに、誹謗中傷や脅迫が後をついて回った。日本で行き場を失い、ロンドンにたどり着いた直後だった私は、なおさら安心できる場所を求めていたのかもしれない。

取材で訪れているので、セラピストは私がサバイバーだということを知らない。でも、すぐに何かを察してくれた。

「大丈夫、想像の世界でもなんでもいいの」

そう言って慰めてくれたが、想像もできなかった。自分はセラピーさえも受けられないのかもしれないと途方に暮れた。

そんな中、私は本書を通して「自分」のことを知った。自らを責めていたこと、自分自身理解できなかった行動、離れ離れにバラバラになった自分の欠片《かけら》を少しずつ拾い集めるように、つなぎ合わせる作業を本書は手助けしてくれた。

自分のトラウマを理解することは回復への道を大きく開いてくれる。サバイブする、その方法は人それぞれでさまざまな方法があるだろう。本書は、その方法を山本潤さんの手探りの歩みとともに提示してくれる。この旅路はあなた一人のものではない、と教示し並走してくれるかのように。

性暴力を取り巻く現状を伝えたいという気持ちと、当事者として癒えていない生傷を公に晒《さら》すという日常は、安易《たやす》いものではなかった。そんなとき、私は潤さんと出会った。

潤さんはいつも優しい目をしている。潤さんの目で見つめられると、皆に見えている表面の私ではなく、過去に置いてきぼりにしてしまった被害以前の私も、バラバラになってしまった私の破片も見えているかのように、全てに優しく目を向けてもらっている、そんな感覚になる。

性被害を告発した末に誹謗中傷を受け、ズタズタになった人などと思われたくなく、表に出るときは常に気丈に振る舞っていた。性暴力について話したらこうなる、なんていう悪い例には絶対になりたくなかった。そんなときだった。

「詩織さんにプレゼント。私は信仰深いとかではないのだけど」

と、あるとき潤さんは私に手のひらに収まる程の小さな木の筒を手渡してくれた。その筒の中には、かぐや姫のように可愛い文殊菩薩が収まっていた。手の中にギュッと収まる文殊菩薩はなんだかとても可愛らしかった。

セラピストに言われたように、目を閉じても安心できる場所は想像できなかったけど、潤さんの気持ちのこもったその小さな木の筒は「これを握ったら大丈夫」、そう思えるお守りになった。

振り返ってみると、私は自分の被害を公で告白するまで、他のサバイバーに出会うことはほとんどなかった。それまでどんなに近しい友人がサポートしてくれていても、どこかで孤立感に襲われることがあった。

けれど、本書と潤さん、Springのメンバーという、これまでトラウマと必死に向き合ってきた戦友たちに実際に出会い、その考えは変わった。

当たり前だけど、私たちは全く違うバックグラウンドを持っている。経験も違う。でも、確かに同じ方向を向いている。

性暴力、そして私たちを守ってくれるはずである司法のもとでこれ以上苦しむ人が増えないような社会を望んでいる。その大きな一つの柱は刑法改正の見直しだ。

#MeTooが世界中に広がり、大きなムーブメントと化してから3年が経った。日本では多くの国で現行の刑法が見直され、当事者の声が聴かれるようになった。日本では当事者として初めて潤さんが刑法改正見直しの検討会に委員として参加した。

One is too many. これまで聴かれてこなかった声をもう無視することはできない。

私たちはここにいる。あなたは一人じゃない。大丈夫じゃなくていいんだよ。必ず回復への道はあるから。

そうこの本を通じて教えてくれた山本潤さんに心から感謝する。

図版：谷口正孝

13歳《さい》、「私《わたし》」をなくした私《わたし》
性暴力《せいぼうりょく》と生《い》きることのリアル

朝日文庫

2021年4月30日　第1刷発行

著　者　山本《やまもと》　潤《じゅん》

発行者　三宮博信
発行所　朝日新聞出版
〒104-8011　東京都中央区築地5-3-2
電話　03-5541-8832（編集）
03-5540-7793（販売）
印刷製本　大日本印刷株式会社

ISBN978-4-02-262049-1